# 高校体育
## 教学风险防控研究

张建鹏 / 著

SPORTS

吉林出版集团股份有限公司
全国百佳图书出版单位

**图书在版编目（ＣＩＰ）数据**

高校体育教学风险防控研究 / 张建鹏著. -- 长春：
吉林出版集团股份有限公司, 2022.11
ISBN 978-7-5731-2809-6

Ⅰ. ①高… Ⅱ. ①张… Ⅲ. ①体育教学—风险管理—
高等学校 Ⅳ. ①G807.4

中国版本图书馆CIP数据核字(2022)第248699号

# 高校体育教学风险防控研究

GAOXIAO TIYU JIAOXUE FENGXIAN FANGKONG YANJIU

著　　者　张建鹏
出 版 人　吴　强
责任编辑　蔡宏浩
助理编辑　米庆丰
装帧设计　墨创文化
开　　本　787 mm × 1092 mm　1/16
印　　张　10.25
字　　数　180千字
版　　次　2022年11月第1版
印　　次　2023年4月第1次印刷

出　　版　吉林出版集团股份有限公司
发　　行　吉林音像出版社有限责任公司
　　　　　（吉林省长春市南关区福祉大路5788号）

电　　话　0431-81629667
印　　刷　三河市嵩川印刷有限公司

ISBN 978-7-5731-2809-6　　定　　价　55.00元

# 前　言

　　为适应当前新世纪人才素质的需求，全面实施素质教育，高校体育教学要针对以往存在的"以运动技术为中心"的现象，坚持"三个面向"，立足改革，勇于创新。推动我国高校体育教学的实践发展有利于促进建立新的教学理论，更新体育教师观念，并通过素质教育传递，培养学生独立思考、勇于探索、不断创新的能力，从而引导学生形成正确的体育价值观。对思想演变中的高校体育教学实践进行研究，调查、分析我国高校体育教学的概况、模式构建、课程内容、评价体系，发现体育教学中存在的问题，并提出相应的高校体育教学改革对策，为推动高校体育教学实践研究，丰富和创新现代体育教学提供依据。

　　高校体育教学改革实践是实现高校体育教学目标，完成教学根本任务，增强教学效果的唯一途径。要培养大学生终身运动的习惯，高校体育教师应率先在教学中履行终身教育理念。实践证明，有好的体育教师，才有好的体育教学。高校体育教师不仅传授知识，更重要的是帮助学生向体育学习的生活化、终身化方向发展，培养他们的体育创新意识，激发创新动机，铸造创新人格。各类高校的体育教学要坚持尝试，大胆创新，争取为教学目标、教材的选用、教学模式到教学方法、评价体系和人才培养等方面的改革提出更多深层次、前沿性的策略。

　　随着社会经济的发展及人们对"健康"问题的高度关注，高校更需要跟随焦点来完善体育教学内容、重构教学体系，探究高校体育教学内容结构新发展，搭建现代化、科学化与长效化的体育教学实践网络，更好地促进高校学生身心健康成长。

著　者

# 目　　录

# 第一章　高校体育教学概述

## 第一节　体育教学相关概念

### 一、体育教学概念

学校体育教学是国民体育的基础，是学校教育的主要组成部分，是在党和国家的教育方针指引下，依据青少年成长规律，以运动技能为主要练习手段，通过体育课程教学、课外活动锻炼、课余训练与竞赛等多种形式进行的有目的、有规划、有组织的学校教育活动过程。体育教学的目的是增强学生体质，保持学生身体素质健康水平，指导学生掌握体育知识与技能，养成良好的体育锻炼习惯和终身体育意识，同时结合道德品质的培养，促进学生综合素质的全面发展，为社会主义现代化培养合格的、健康的建设者和接班人。

从狭义上解释，学校体育工作可以认为是一般的体育教育过程，它是由学校组织开展的、以全体学生为参与对象的校园体育活动，活动方式包括体育教学、课外活动与锻炼、课余训练与体育竞赛等内容。而从广义上来说，学校体育工作可视为一种学校教育的行为过程，包含由学校组织实施的一切体育行为与活动。它不仅包括体育课程设置实施、课外体育锻炼开展和体育竞赛组织等内容，还包括学校体育工作的规划、管理与执行，学生体质的监测与评价，以及学校体育基础设施的建设与保障。广义的学校体育工作概念更加全面和完整，能够更加系统地反映学校体育工作的内涵和作用机制。

高校体育教学是以高校为活动场所展开体育教学的一种教学形式。体育教学实施过程中，按照高校教学标准，根据既定教学计划和课程标准，从而开展有目的、有组织的教育活动，是实施学校体育的基本形式，也是实现体育目标的必要途径。其间，教师和学生共同参与，以体育教师为主体，向学生传授体育知识、技术与技能，以增强学生体质，培养学生道德、意志和品质等。

体育教学工作应具备三方面的基本属性：其一，体育教学不仅是国家推进社会全面素质教育的重要工作，还是教育实行全面化的、不可或缺的组成部分；其二，体育教学是一项以教学目标为指导，由学校主导进行科学规划教育过程的活动；其三，体育教学是一套具有多维度特性的、内容涵盖量大并受多方面因素影响的复杂教学系统。

体育承载着国家强盛、民族振兴的梦想。要把发展体育工作摆上重要日程，精心谋划，狠抓落实，不断开创我国体育事业发展新局面，加快把我国建设成为体育强国。因此，高校体育教学作为学校教育的重要组成部分，不只是一门课程，而是育人的基础，它是联系学校与社会、传授学生终身体育技能，同时体育课程带给学生更多的是，让学生在今后走向工作岗位后利用大学时期所学的知识合理地参加体育锻炼，因此大学体育教学肩负着重要使命，将科学的教学手段运用于课堂，才能保证现代体育教学的质量。

## 二、体育教学的立足点

### （一）传承运动文化

#### 1. 体育教学中运动文化的概念

运动文化分别由运动和文化两个部分组成，与人类的身体活动有紧密的联系。广义上的运动是指具有游戏性质，包括自己和他人的运动竞赛，或克服自然障碍的运动比赛。狭义的运动是指有组织的身体性游戏。胡伊青加把游戏定义为："游戏是一种自愿的活动或消遣，这种活动或消遣是在某一固定的时空范围内进行的。其规则是游戏者自由接受的，但又没有绝对的约束力，游戏以自身目的而又伴有一种紧张、愉快的情感以及对它'不同于日常生活'的意识。"① 运动的本意源于游戏，而又是对游戏的发展，其内涵更为丰富。根据以上对"运动"的定义并结合体育课程的"文化"共性的论述，运动文化的概念可以界定为：运动文化是文化中的分支，源自游戏，以人类身体的活动为传承的基本形式，是以不同形态存在的运动文化物质所组成一切事物的总和。

#### 2. 体育教学中运动文化的结构

运动文化的不同形态可以划分为物质文化、精神文化和制度文化三个部分。物质文化是外在形态，是"有形"的存在，属于运动文化的外在标志，是根据运动的需要所创造出来的物质，如运动技术、运动战术、体能训练、体育各种场馆、体育书籍、服装、设施等。精神文化是内在形态，是"无形"的存在，包括体育的审美情趣、各种体育思想观念和理论体系、体育道德、体育精神等。制度文化的实质是评定教学效果和运动水平的重要标准，是运动文化沉淀和积累的过程，是随着教学实践不断改进和变化的。其中包括教学活动中角色的扮演，如在体育教学中师生共同承担裁判、运动员等角色；为了满足学生兴趣所组织的各种机构，如各种俱乐部、社团；各种运动赛事的制度、原则，如不同运动项目赛制、不同等级运动会的赛制等。

在三个层面中，精神文化是运动文化的核心，赋予了运动文化特定的价值和意义；制度文化作为运动文化的中介，展示了运动技术、战术、比赛等判断的基准，在运动规范所

---

① ［荷兰］J. 胡伊青加. 人：游戏者［M］. 成穷，译. 贵州：贵州人民出版社，2018.

准许的范围内，提高运动技术的合理性；物质文化是运动文化的基础和外在，运动文化的发展变化往往从运动的物质文化变化中体现出来。运动文化的三个层面相互关联，其中任何层面中任何要素的变化都会引起其他因素的变化，最终导致整个运动文化体系的变化。另外，从宏观上看，运动文化又是一个独立的体系，与政治、经济等相辅相成。

### 3. 体育教学中运动文化功能

体育课程中运动文化的基础功能是选择文化。体育课程本身是一定的课程价值被选择和加工的文化产物。在浩瀚的文化体系中，运动文化是需要提炼的精华，具体体现在体育课程内容是需要加工和改造成符合教学需要的运动教材。运动教材加工和改造不仅遵循运动文化的内在逻辑，更要对于学生的认识规律和身心特点给予充分的考虑。所以，体育课程内容是一种经过选择、加工和改造的运动文化，是一种特殊的运动文化形态。

体育课程中运动文化的核心功能就是传承运动文化。运动文化是体育课程内容汲取养分的源泉，体育课程内容是适合传承的运动文化精华，概括了运动发展过程中所传承和积累的运动技能、运动经验和先进的体育知识等。由运动文化的三层结构可知，体育课程与其他学科一样传承的是运动文化的多层面，是培养学生全面发展的重要途径。只有把体育课程教育的价值和地位等同于其他课程教育，才能立足于学校课程教育的平台。运动文化具有社会历史性，特定的历史条件是影响运动文化传承方式的主要原因，如 21 世纪，随着科技的快速发展，高科技的教学产品的使用加快了运动文化的传递和传承，体育课程中运动文化传承的特点使学校体育教育在人类发展过程中发挥着越来越重要的作用。

体育课程中运动文化的主要功能是创新运动文化。运动文化具有增值性，是指运动文化在传递过程中，人们总是根据自己的运动经验和价值观重新定位运动文化，增值和演化出新的运动文化。通过传递文化对新一代的年轻人进行社会化改造时，不仅要使他们对所存在的一切社会方式和信念有初步的理解，更需要培养他们的批判性思维以及自主、独立和理性思考问题的能力，而不是简单的文化传授。在体育教学过程中，只有实现学生对所传承的运动文化的理解、内化，并创造、创新这一过程，才算是真正完成体育课程教学。

### （二）培养"新人"

人是课程选择传承和创造文化的主体，既是出发点也是归宿。课程文化的价值源于人的需要和发展，人是复杂而特殊的有机体，是自然生命、精神生命、社会生命三者的有机统一。由此可知，体育课程的目的是使得自然中的"人"社会化。

### 1. 身心健康的"人"

自然中的"人"是身心健康的"人"，是体育教学评价基准的价值基点。从人类学的角度来看，个体的身心健康是一切社会活动的前提。生命在于运动，一切有生命的东西，如花草树木、鸟兽鱼虫都是通过活动而存在的。柏格森认为："当生存不再是人类的主要需求后，参与体育运动就成为人类生命能量的积蓄和释放的最佳出口。"① 体育的本真就源于人天性的解放、生命的原始冲动和自我的超越，人作为生命的存在只有在运动中才能体现出无尽的活力。身体的健康是生命存在之根本，是生命的载体，当身体处于病痛和疾病的时候，则无法运动，这也更能凸显运动对于身心健康的重要性。因此，关注身心的健康就是关注"人"本身，关注生命存在的根基。

体育教学是关注学生生命成长的教育，不仅体现在身体器官组织的成熟和发展，更重要的是人作为人的"类"特性的生成，即人自由的、有意识的活动。通过体育教学唤醒学生的自我意识，让学生通过自己的身体运动感知自己的身体状况，进而有意识地去改善自身的体质。这是提高学生学习兴趣和学习动机的主要动因，也是维持和增强学生体质最有效的途径。

2. 社会化的"人"

社会化的"人"是满足社会（他人）的需要，是体育教学评价基准的价值高点。贾齐论述"形成新人"作为教育的使用价值，其属性表现为尚未具有使用价值的人经过教育，使其具有被社会或他人作为使用价值予以使用或消费的有用的人②。体育课程的使用价值就是要满足社会（他人）的需要。

从社会学的角度来看，社会是由人组成的有机组合体，社会需要"完整的人"才能更好地服务社会。完整的人并非只有智力、技能，也有"人"所有的完整性，包括情感、态度、个性、性格、气质、意志等，每一个接受教育的人也不仅仅能获得知识的增加和智力的发展，也获得了整体的人生经历，是整体精神③。培养"完整的人"不仅是教育的对象，也是教育的目的，归属于学校教育的体育课程也应该同其他学科一样致力于培养"完整的人"。在最真实的教学场景中，培养学生成为有运动能力、有运动素养、有运动热情的运动参与者。具体来讲，体育课程一是要培养学生成为具备一定运动水平，拥有丰富的比赛技巧，能够深刻分析运动战术，并且面对复杂的运动情境能够解决问题的有运动能力的人；二是要培养学生成为理解和尊重运动和比赛规则、运动礼仪、运动的传统习俗、具有运动审美的、有运动素养的人；三是要培养学生成为积极地继承、传播和创新运动文化的、有运动激情的人。

从需求的角度来看，面对多变的社会（他人）需要，作为学校课程教育的对象要内化所学的文化知识变成个体的能力。按照认识的性质，各类学科课程可以分为三种：其一，语文、数学、英语、物理等以知识为基本教学形态的课程可以归属于概念性认识；其二，

---

① 吴先伍. 过去永恒真实——论柏格森的过去本体论 [J]. 华北师范大学学报（哲学社会科学），2002（6）：18-24.

② 贾齐. 体育课程与教学研究的方法论 [M]. 桂林：广西师范出版社，2014.

③ 金生铉. 理解与教育——走向哲学解释学的教育哲学导论 [M]. 北京：教育科学出版社，1997.

书法、美术等以形象为基本教学形态的课程可以归类为形象性认识；其三，体育、舞蹈等以身体运动为基本教学形态的课程可以归纳为身体性认识。以上将课程学习的含义解释为对世界的认识和理解，学生通过各类课程的学习认识世界和理解世界。相应地，在体育课程教学中获得运动技术（技能）以及蕴含于其中的学习（认识）方法、在运动文化传承的过程中培养学生的运动认识能力，是构成了他们在未来面对新的运动环境、新的运动技能时能够解决问题的基础。

## 三、体育教学方法

### （一）体育教学方法概念

体育教学方法是指在教学过程中运用的各种手段，以更高效地实现体育教学设定的目标，它包括体育教师教授的各种方法，是体育教师运用体育知识、技术和技能等促进学生学习掌握和锻炼的过程，从而达到使学生体格健壮、心理健康的体育教学目的的方法。

体育教学方法的选用的最终目的就是让学生牢记知识理念，熟练掌握并运用体育相关技能。高校体育教学不仅在乎本科生理论、技能的掌握，而且更加重视对其三观的培养，努力做到身心全面发展，提高学生的综合素质能力。体育专业本科生在良好掌握所学技能的同时，其综合能力也在此过程中得到提升和发展。

体育教学方法的选用是为了促进体育专业本科生综合能力全面发展，需要体育教师与学生相互协作，和谐配合，发挥学生主观能动性的作用，让其秉持积极的态度去进行体育相关项目活动，体育教学方法选用的最优化功能才能得以发挥。体育教学过程是一个动态渐进的发展过程，体育教学中各个要素也在不断地发生变化着，因此，更应该把体育教学方法看作是动态的、可变的、发展的，而不是一成不变的、僵化的方法。

### （二）体育教学方法的特征

#### 1. 双边性

体育教学方法是在教学过程中，教师和学生传递知识之间起着桥梁的作用，加强师生之间的互动。在体育教学实践的课堂上，教师就是技能知识的传授者。当教师对专项理论技能知识、动作要领进行讲解时，希望学生能够认真地听讲、努力地思考，有必要的时候做好记录。另外，教师做动作示范时希望学生能够先认真地观察，再跟着教师进行动作模仿，最后再不断地反复练习。

在练习的过程中，把自己遇到的问题和困难及时地与教师沟通，向教师求助。另外，也可以将自己在学习过程中总结的个人见解和教师分享，得到教师的鼓励或纠正，以体现出教师和学生在教学时能共同参与活动当中。

此外，在教学过程中教师不仅仅是知识的传授者、指导者，而且还是能够在教学活动中与学生互动的聆听者。因此，在体育教学活动中，教师和学生形成了一种相互依赖、相互需要的关系。在体育教学过程中，教学方法的使用应该体现出教师和学生在教学活动中能够共同参与。体育教学方法就是教师和学生合作的方法，因此，体育教学方法应该在教学中体现出既要注重于教师的"教"，也要注重学生的"学"的双边性特征，以满足现代体育教学的需要。

### 2. 实践性

理论来自实践，而实践又以理论为基础。在体育这门特殊的学科中，掌握技术动作质量，提高训练效果，不仅需要掌握扎实的理论知识，还需要不断地反复实践练习，才能提高动作质量。

在体育教学实践过程中，教师除了要讲解动作要领并示范之外，还要为学生提供更多参与实践活动的机会，为学生创造独立发展的空间，营造一定的活动氛围，激发学生的学习兴趣，保证每个学生都能积极参与活动。因此，在教学过程中，教师采取的教学方法应以引导学生学习为主，启发学生对问题的不断研究与探索，从而提高学生的自学能力，加强学生实践能力。

相反，传统的体育教学方法在提高学生实践能力方面不够重视。在传统体育课堂上，由于受到传统教学思想的束缚，学生的自由受到教师的控制，教学任务的完成都是在教师事先预定的计划中进行，学生没有自己的活动空间，一切都在教师的掌控之中，导致学生的潜能得不到充分挖掘。这种不能学以致用的教学方法使学生严重缺乏实践能力，这对学生身心健康以及学生的全面发展都是不利的。

因此，在体育教学过程中，传授学生基础的理论知识是提高学生学习成绩的前提，引导学生主动参与实践活动才是主要目的。

### 3. 整体性

随着体育教学的不断改革、体系的不断完善，也产生了越来越多的体育教学方法，而每一种教学方法都有着各自的特点。根据体育教学方法不同的特点，在某种条件下可以将多种教学方法同时运用到教学过程中，教师在选择体育教学方法时应灵活多变，并根据所选取的教学方法之间的关系，将它们合理地整合起来，有针对性地运用到体育教学中。例如，在体育教学中榜样法和练习法的应用。当学生在学习高难度动作时，教师通过讲解、示范动作要领之后，学生可能会对某些高难度动作或者器械产生恐惧感或不自信。为了消除他们内心的恐惧，教师应该找一个对技术动作掌握得比较好的学生做榜样，以消除他们内心的恐惧，鼓励他们学习高难度动作，再通过反复练习，提高技术动作的质量。再如，观察法和评价法在教学中的应用。在教学中应该多发展学生的观察能力，拓宽学生的视野。学生将所观察到的问题进行归纳总结，然后再与教师和学生分享，教师和学生对他的总结进行评价，从而使其学习能力得到不断的提高。除此之外，教师在体育教学过程中，可根据相应的教学任务，选取情境教学法、发现法、问答法、探究法、学习法，以激发学生的学习兴趣，挖掘学生的潜能，提高学生的思维应变能力以及学生的自学能力。如此不但能加强课堂的丰富性、灵活性，而且对提高教学质量有着促进的作用。

因此，在教学过程中，教师应有目的性地选取多种教学方法，并整合起来有针对性地运用到教学中，从而顺利完成教学任务，事半功倍地实现教学目标。

### 4. 继承性

继承是对先辈留下有价值的东西的一种传承。在体育教学中，现代很多的教学方法都继承了传统体育教学方法。比如问答法，问答法也称谈话法，在体育教学中教师和学生之间通过语言的提问和回答的形式进行互动，是传递教学信息、完成教学任务的一种方法。这种方法在公元前 496—399 年时就已被使用到教学中，古希腊哲学家苏格拉底最先使用此方法，并称之为"产婆术"[①]。《学记》提出："善问者如攻坚木，先其易者，后其节目，及其久也，相说以解，不善问者反此。"这是所说的提问法，提问就像砍硬木头，应先砍松软的地方再砍木头的关节，只有这样，关节才能砍通。在教学中，若教师先从难处问起，学生不知该怎么回答，问题就得不到解决；应从简单的问题问起，再逐渐加深难度。古代的"启发式"教学方法和现代的"启发式"教学方法有着相同的特点，都是以启发引导学生为目的，但二者的不同之处在于，传统的"启发式"教学方法注重的是启发引导学生对所学基本知识的领悟，而现代的"启发式"教学方法不仅仅重视对已有基本技术知识的领悟，还更重视学生在新的领域里不断地探究、创新，寻找出新的思维、新的发现。

传统体育教学方法只有在不断加工改造的基础上，继承传统体育教学方法的精华，才能使更多的教学方法得到继承与发展。

## 四、我国学校体育问题表征

### （一）我国学校体育问题整体表征

学校教育对学校体育歧视和排斥，学校体育的"教育属性"实际认同度差，在学校育人过程中发挥的"教育"作用甚微。具体表现包括：学校体育被重视相对困难，"体育"居于学校教育的"五育"之末；体育课地位偏失；体育教师在履行教书育人的基本职能的角色时也被严重低估，人们提及体育教师的教学和研究水平，似乎总有一种"低人一等"的前置性主观判断；学校体育的教育目标在学校的教育目标中或不可见，或停留在口号上，或被重视体质健康的形式化遮蔽。

在具体教学过程中，问题体现为容易对学校体育指导思想的误读或矫枉过正。主要有对健康第一"以人为本""安全第一""快乐体育""阳光体育"等思想或活动内容误读，产生了如"唯体质健康论"、安全应对极端化、"唯快乐论"的放羊式体育课、学生"尊贵

---

① 周登嵩. 学校体育学［M］北京：人民教育出版社，2004.

化""以学生为中心"导致教师引导性缺失、阳光体育冬季长跑骑车打卡应付等诸多怪状。具体教学过程中表现主要包括：课程目标泛化、课程内容容易化，如"快乐体育自由活动"；弱化运动技能学习；课程评价单一等。此外还包括学校对学生的体育参与性差、畏难怕累以及运动心理障碍等情况实际性关注不足，对问题的干预和消解更多停留在文章中的研讨层面等。

应试环境下社会对学校体育价值的认知错位，具体表现在两方面：一是原本作为检验学生体育运动水平和身体锻炼效果的手段在"分数至上"的驱使下变成了锻炼目的。面对中考体育考试和年度体质测试的压力，学校体育以及体育运动本身的价值、内容被架空，学校、学生、家长乃至整个体育考试应试相关群体遭遇了形式上的体育锻炼捆绑。他们以应对文化考试一样的思维、寻求各种途径快速获得更高的分数，严重背离了体育考试的初衷和体育锻炼的基本规律。二是相关群体对体育以及学校体育的价值认知不足。在应试教育的大环境下，学校体育的相关群体在体育认知和体育参与上存在现实性矛盾。"我喜欢体育而不喜欢体育课""我知道身体锻炼很重要，可是时间紧迫，还是多抓紧时间学习"等这些看上去"知行不一"的矛盾问题堪称学校体育中的"常青树"现象。真正能以兴趣爱好和生活习惯将某项体育运动融入日常学习生活的学生并不多。

教育方针落地过程中的"权力"转移。从我国"学校体育"相关政策文本的语言表述上看，"身体的教育"是"中国体育"的部分内容，也是"教育的重要组成部分"，还是"学校体育工作的重要内容"。从我国学校体育的现实开展情况来看，"体育"在学校教育中几乎是以"游离态"的角色存在，在具体目标、任务安排以及体育课的教学过程中，体育教育的功能几乎不可见。许多学者认为我国学校体育问题源于制度缺失，尽管随着近几年政策文本的完善，学校体育的顶层设计基本完备，可学生的体育认知、体育参与的自主性以及身体健康状况仍没有得到扭转。

### （二）普通高校体育在困境下的发展

#### 1. 普通高校体育陷入管理归属困境

传统上的普通高校体育工作，主要包括体育教学、群体活动和运动训练三部分。随着高等教育的发展，教育系统也逐渐加强了对大学体育的指导，工作内容也不再包含学校体育，将学校的体育活动纳入群众体育范畴。机构设置上，在教育部下设体育卫生艺术司，统管全国的学校体育卫生艺术工作；部属高校以外的大学的体育工作主要由各省（市）教育厅（局）体卫艺处统领、指导。但在实践中，高校体育的工作开展遭遇了许多现实问题和困难。在 20 世纪 90 年代以前，除了体育课的教学研究外，大学体育中的课外活动和高水平运动队建设与教育关联性不大，各级教育主管部门对此缺乏指导经验。后来新设的体卫艺司（处）主要围绕"体育教育"对大学体育进行指导和管理；"几乎没人管"的学校群众体育和运动竞技主要接受国家体育总局群体司和大学生体育协会的指导，这种情况在

21 世纪初尤其是对地方高校体育的领导上十分明显。各省的体卫艺处往往会直接转发上级政策文件到高校，或者依据上级文件结合区域特点再制定一份"贯彻执行类"文件传达到高校。这些文件都有一个特点，以思想理念、要求和任务目标为主，缺乏具体的行动指引和实践方案。"领导"和"指导"的区别明显地揭示了高校体育组织在管理结构上陷入的"归属"困境。

2. 各内容遵循多重工作逻辑

大学的生态环境使得高校体育难以安然自处，除了"教育认同"的获得性差之外，高校体育院系在大学内的资源获取日益困难。管理归属不明和资源获得性差，导致构成高校体育的各部分内容分别遵循了不同逻辑。其中，体育教学（包括公共体育课和专业体育课）遵守学校教育的工作逻辑，师生体育活动遵循社会性群众体育活动开展的逻辑，而运动队在选材、训练、参赛等方面依然遵循的是竞技体育的发展逻辑。更严重的是，近些年普通高校的传统体育工作逐渐发展为一种常规化甚至是形式化的工作套路，还在进行重复或延续。

3. 多重逻辑的"复杂化"发展特征

近些年来，受资源的有限性和大学生态逻辑制约，普通高校体育在工作重心和结构上已经进行多样化的调整。也就是说，普通高校体育工作的内容、性质、目标越来越"复杂化"。

这种"复杂化"表现在许多方面。其一，从时间发展上看，多种工作逻辑和趋同模仿现象是交织性发展的，不同高校也有所区别。对于仍然以高校体育三大传统工作内容为主的高校，他们的体育工作就主要遵循三种逻辑。而对于努力向精英大学趋同发展的高校，他们的体育院系很可能也在向强势学科或者兄弟单位的"成功经验"趋同模仿。此时，他们工作遵循的可能就不仅是三种逻辑。其二，许多普通高校体育的具体工作内容发生了广泛的拓展或方向调整。具体包括努力进行体育学科以及与社会学、经济学、管理学等相关交叉学科的专业和学位点建设；借助"合作办学""区域文化建设""民族传统文化复归"等各种主题，充分挖掘可利用的社会资源，争取横向科研项目，逐渐增加与体育科研机构、体育局、体育学校、体育俱乐部等机构的联系，努力拓宽"社会服务"的渠道；积极申报建立体育运动项目的职业技能培训基地等。其三，实现这种复杂化的途径也多种多样。包括向国外的大学体育建设学习，借鉴国内专业体育院校的专业办学经验，向同类高校的体育院系发展经验模仿，以及向本校的艺术类学院的发展经验趋同等。严格来说，这些途径并没有明确的规律，互相学习、借鉴甚至照搬是比较常见的现象。更关键的是，并不是所有的体育院系都能做出上述"积极性"的改变，现实中也有许多高校的体育院系仅保持了传统的公共体育教育和课外群体活动，甚至连高水平运动队也没有。

# 第二节　体育教学与美育、德育

## 一、体育教学与美育

在我国的教育体系中，体育与美育都是实现素质教育的重要组成部分，体育教育是一种以身体活动为形式的实践教学，负责增强学生体质水平、提高学生运动技能，美育则是一种立体式的理论教学，负责培养学生对美好事物的鉴赏、创造等能力，德、智、体、美、劳五育之间是相互依存、相互促进的关系。在当今社会各个学科之间相互结合、产生互补作用的趋势下，体育与美育的融合就是将实践教学与理论美学相结合，这样才能更好地发挥体育将健全精神寓于健康身体之中的功能。因此，如何把美育内容有效地融入体育教学中、充分发挥体育美育的作用是高校亟须解决的问题。

### （一）体育美育的内容与实施原则

体育与美育都是高校教育的重要组成部分，体育美育并不是二者的简单相加，而是相互融合、渗透交融的关系，所以在体育教学中美育的内容主要表现在培养学生对健康美、身体美、精神美、运动美四方面的认知。不同的运动项目中美育内容的侧重点有所不同，但是都要通过体育教师、体育教学内容、体育教学方法、体育教学环境这些途径作用于被教育者、影响着大学生的身心发展。

在高校体育教学的过程中，应该把体育与美育有机地融合起来，坚持不分先后、同时进行的原则，要淡化体育的竞技色彩，加强情感教育，陶冶学生的体育精神，培养大学生终身体育的意识习惯。另外，体育教师在教学过程中要遵循先导原则，由于体育教学自身的实践性与特殊性，体育教师的先导地位与主导作用是完成"体美共育"的保证。

首先，体育美育本体论认为，在体育教学活动中，体育与美育的对象是相同的。其次，体育教学过程与美育过程是一致的。最后，体育与美育目的是一致的。体育本体论还认为，体育与美育两者是并列的关系，不存在偏重体育或美育，应持树立与坚持两者并重的态度。

一是体美共育原则。体美共育原则是指在体育教学活动中，教师遵循美的规律和体育运动特点，利用广泛存在于体育教学中美的规律来发展学生技能，增强学生体质，培养学生的审美能力，从而实现体育与美育的完美结合，其中既不违反体育的发展要求，又不脱离美的规律，是体育教学活动中审美教育的主要原则。例如，在高校体育舞蹈教学中，由于体育舞蹈是通过肢体语言来表达其专项技艺、身体美、健康美、精神美以及艺术修养，因此，在体育舞蹈教学中，不仅要注重学生专项技术的教学，而且还要注重美育的教学，使美育结合体育运动，更清晰、更全面地展现体育的美。

二是创设审美情境原则。审美情景是指在审美过程中所创造的情感氛围。在体育教学活动中，通过语言、肢体以及教学媒介有目的、有意识地创设体育审美情境，使学生完全置身于体育审美教育环境之中，从而影响学生的情感，使学生得到情感的愉悦，激发学习动力，更好地促进学生的学习效率，以达到塑造体育审美心灵，培养体育审美情操的目的。

在体育教学活动中，教师根据教学内容的实际需要，有目的地创设教学情境，并将学生置于其中，以情动情，从而引发其情感共鸣，帮助学生实现知识生成、情感升华的目的。教师再加以引导梳理，深入地剖析体育情景中的美，诱发学生新的体育审美追求，使学生情感、态度和审美能力的培养和生成达到"润物细无声"的境界。

三是教师先导原则。在体育审美教学活动中，体育教师在发挥先导者作用的同时，做到有高度、有深度、有温度，审美能力达到一定的高度，教学方式方法达到一定的深度，有情感地教人、育人、化人，促进学生的行为美、心灵美。在教学方面，体育教师是教授技术动作的先导者，在多数情况下，学生模仿教师的技术动作时，会受到教师技术动作准确性和优美度的影响。体育教师还要注意自己的言行举止，严格执行教学规范，关心帮助每一个学生，并运用积极的语言鼓励学生，扮演好先导者的角色。

四是相互交流原则。在体育教学活动中，教师与学生之间的交流不存在权威性与强迫性，双方是平等的，只有在平等的交流中，彼此情感的沟通才会更真切。此外，相互交流不仅包括教师与学生之间，还包括学生与学生之间。体育审美教育不是呆板、枯燥的教育，而是一种轻松愉悦的教育，寓教于乐，教师与学生、学生与学生之间相互交流，在欢快娱乐中彼此激发灵感。

五是多样化与渐进性相结合原则。由于学生的个体差异性以及体育运动项目繁多，因此，在体育教学活动中，不能采用单一的体育审美模式进行教学，而应不断变换方式、媒介来进行体育审美教学，这样不仅有助于学生心理能力的平衡发展，也有助于学生心理结构的不断完善，这便是体育美育多样化原则的体现。万丈高楼平地起，要夯实基础，体育美育应从简单到复杂、从低层次到高层次发展逐步深入，让学生不断受到美的熏陶，这就是体育美育的渐进性审美原则。

**（二）美育视域下大学生体育课程学习样态呈现**

**1. 入境入神**

入境入神是指学生在教学活动开始阶段，学生审美注意被集中，学生生活与教材、学生的情感与外部、学生与教师心灵完成对接，在体育课程学习过程中充满一种体验的愉悦。在教学活动中使学生自觉积极地参与体育学习之中，依据审美经验模式，首先应考虑的是引起学生的审美注意力，使学生产生审美期待，积极地参与运动实践。在体育教学活动开始阶段，为了引起学生的审美注意，通过各种教学情境进行引导，使学生的学习兴趣被激发，在娱乐、欢快的氛围中学生和所学内容进行了对接。体育课程是以运动性认知为主的课程，无论是在体育活动游戏情境，还是在其他情境中，学生在感性化、动态化的学习体验过程中各种情感被激活，实现情感与外部的对接。体育教学的身体活动性，使体育课程在实践体验的过程相对较多，无论教师讲解动作时的亲身示范，还是体育游戏、体育比赛时师生之间的交流互动，都使师生情感在整个情意融融的氛围中完成了心灵上的对接，使师生在这种和谐的情境下产生沟通和对话的愿望，享受表达和倾听的乐趣。当学生的情感与外界相联系时，能够了解教学内容所表达的原意，在自己已有生活经验基础上产生丰富生动的联想与想象，创造出全新的体验。

### 2. 历历可辨

历历可辨是指学生在体育课程教学过程中各因素审美转化后，学生在学习过程中对学习内容微观上细节敏锐，宏观上视野开阔。首先，审美的本质是人类活动的自由形式，因此，形式对于审美具有特殊的意义。在体育教学过程中应充分运用人体的各种感觉器官、直观教具、手段，扩大直观效果，即以体育课程学习内容的概念（点）为枢纽，将各知识点之间的联系视为一条线，通过多条线绘制成一个平面，最终由多个平面构成三维网络结构。无论是体育理论课程还是体育实践课程，体育教学过程中的概念或原理，能够以最简单、干净的面貌呈现在学生面前，使学生明确地"聚焦"到一堂课中学习基本概念、动作的基本原理，而不是在"知识的海洋里畅游"，感到不着边际，最终迷失方向。其次，学习过程中逻辑环节和细节的清晰化，学生能够清晰了解学习过程中各部分、各因素、各环节、各细节之间的关系，以及跨学科知识间的联系（体育学科内各分支、各部分内容之间的相互联系，各种学科思维方式的交叉），使微观细节敏锐，宏观视野开阔，纵横驰骋游刃有余。

### 3. 乐在其中

乐在其中是指整个体育教学过程转化为审美欣赏、审美表达和审美创造的师生活动，师生关系转化为审美关系后，学生在教学美感的产生与体验中乐此不疲。无论在体育教学开始阶段，还是在教学过程中，教师都要有目的、有意识地创设体育审美情境，引起学生的审美注意力，使学生置身于体育审美教育环境之中，将体育课程教学过程中各因素进行审美转化。学生在整个体育课程学习过程中都能体验到审美对象本身的多样性和丰富性的意蕴，在这种审美体验中学生不仅感受着对象的形、色、声、态等的差异性，也能在这种感受过程中进入身临其境的整体境界。由于美感是一种高级情感，是精神愉悦，教学美感的产生与体验，其最终都要归结于实践学习阶段。学生所有的审美经验与审美对象以实践体验为母体结合审美活动关系，双向发生、双向发展，又彼此促进。此时，整个学习过程转化成学生审美欣赏、审美表现、审美创造的过程，师生之间、生生之间产生一种心灵的契合，共同置身于教学情境之中，激活学生的心境，使学生融入学习过程，达到物我两忘的境界。

### 4. 明心会意

明心会意是指学生在教学过程中对所学内容的一种领悟或体验。学生进行动作模仿或游戏体验，在记忆力与想象力作用下，借助联想和想象，在脑海中产生出相关的审美意象，促进学生对体育情感的产生。首先，记忆力作为人类大脑储存和复制过去经历的能力，是审美能力结构的重要组成部分。大学生具有丰富的审美图式，能够自觉地记住自己感受到的美好事物，并且能够积极主动地构建审美信息的记忆库，如果没有这种能力，学生的审美感知能力、审美想象能力、审美理解能力也将无法进行。其次，想象力是审美能力的组成部分之一。大学生通过审美想象和联想活动，寻找自己头脑中储存的审美信息，进行图像加工，联系、转换或重组图像。最后，情感力作为审美能力结构中的核心要素，它与注意力、感觉、知觉、记忆、想象相结合，主导整个审美过程，调节各种心理功能，形成以情感力为中介构成审美能力。在体育教学活动中，通过学生所见、所闻、所感激发了学生情感，在记忆力与想象力基础上组接各种审美意象，以达到审美移情的目的。

### （三）美育视域下大学生体育课程学习特性

#### 1. 融合性

首先，从美育的性质上来说，美育具有感性与情感特性，美育的这两种特性是最具融合性的教育境界。其次，从美育在教育中的位置来说，美育从始至终都属于教育的一部分，要加强美育与其他学科的融合。最后，融合性体现在美育与体育课程相融合，体育课程中游戏情境的创设、教学过程中各因素的审美转化、学生在学习过程中愉悦的体验，这些都是体育与美育融合后不同的角度展现。

#### 2. 情境性

在体育课程设计时，遵循美育情感性的特点，从兴趣、实际体验出发，在课堂内容的表现形式上表现出多样性、情境性。体育教学过程中一个良好的教学情境对学生的学习效果具有良好的促进作用。因此，要创设教学情境，通过创设体育审美情境，使学生完全置于体育审美教育环境中，使学生完成与教材、外部、教师之间的对接，在体育教学审美情境中得到情感的愉悦，从而激发学习动力，以达到塑造体育审美心灵，培养体育审美情操的目的。

#### 3. 趣味性

在构建趣味性体育课程时要坚持学生主体性原则、渐进性原则、综合培育原则以及多元教学方式。美育视域下大学生体育课程学习遵循渐进性原则、相互交流原则，在体育教学过程中通过多种教学方式增加学生的趣味性，达到引起学生审美注意和具有良好审美体验的目的。如将体育游戏引入体育教学中，能够提升教学过程中的趣味性。其中，游戏不仅能够激发学生的运动兴趣，使学生积极欣赏、创造运动美，而且游戏在运动和美学之间还起着桥梁作用。

### 4. 体验性

在审美经验模式中，审美体验具有基础性作用，基于审美体验，不仅能激活全部的审美经验及其心理形态的感知、想象、情感、领悟，还可以使审美经验呈现为一个生命统一体。美育视域下大学生体育课程学习体验性，从一开始的创设情境到最后的领悟体验，不管是游戏活动还是身体活动模仿练习都使学生处于一个"体验"的过程。

### 5. 创造性

美育视域下体育课程本身就是一种思维转化，它注重体育课程艺术性，是体育与美育的融合，将体育教学进行审美转化，不仅重在提高教师的艺术修养与审美能力，从而使整个教学设计更加具有艺术性，使体育活动折射出体育艺术美的光芒，而且还十分重视课外艺术实践活动对于学生的熏陶。这对提高学生审美能力和创造能力大有裨益。审美体验具有源出性和亲历性，这两种特性其实就是学生思维转化的结果，使不同的个体在审美体验中对于同一审美对象形成了不同的审美体验和人生感受，展现了学生学习成果的丰富性、多样性、个性化及创造性。

## 二、体育教学与德育

### （一）高校体育课程德育目标的本质属性

#### 1. "立德"与"树人"：体育功能论

认识体育对"立德"与"树人"培育的认知有助于我们了解在高校体育课程中应该"立"什么样的"德"，"树"什么样的"人"，如何"立德"、如何"树人"等问题。

那么对大学体育课程落实立德树人根本任务的概念认知可以从以下三方面进行思考。

第一，关于"立德"的思考。"立德"代表了一种价值观，表达的是对真、善、美的追求和认同。在体育领域中关于"立德"的范畴应该定位在三个层次：其一，培养学生的运动技能。高校公共体育的本质是育人，如果大学生在高校学习阶段不能有效地掌握运动技能，那么何谈育人？其二，培养学生的规矩意识。大学生在学习运动技能的过程中，不同运动项目的规则具有约束和制约个体的行为规范，在体育实践活动中培养学生的规矩意识。其三，培养学生的价值判断能力。大学体育课程通过增进学生的体质健康，树立学生身体与健康的观念，建立健康与民族和国家的价值取向和判断。

第二，关于"树人"的思考。人是一个深刻、复杂的哲学问题，马克思主义理论对大学体育课程与"树人"的关系有着深刻的指导意义，主要表现为三个层次：其一，培养完整的人。体育具有培养追求自由、追求个性和全面发展的功能，通过体育能够塑造完整的人。其二，培养具有健康理念的人。体育本身代表了一种积极、健康的生活方式，大学体育课程能够培养思想积极、身体健康的人。其三，培养文化自信的人。体育为不同个体参与实践活动提供了场域，不同的个体按照共同的目标实现最终的目的，在实践过程中自觉树立了社会主义核心价值观，产生了文化自信。

第三，关于"立德"与"树人"关系的思考。"立德"与"树人"不应该是平行的关系，而是一种递进的关系，只有将两者完美结合才能达到立德树人的愿景。大学体育课程在落实立德树人根本任务过程中，如果不能把"德"立好，就容易把大学生培养成危害社会的人，如大学生体育竞赛中经常出现的"年龄事件""考试替考事件"等，这些问题都折射出了大学体育课程存在的"德育"危机。因此，只有立德才能树人，只有立德方能成人。

### 2. 育德：高校公共体育课程的价值导引

立德树人是教育的根本任务，它要求学校教育必须按照"德育为先"的方向，以健全学生的人格为原则，以培养学生的全面发展为目的，致力于将学生培养成有用之才，体现了学校教育的育人价值。学校体育作为学校教育的重要组成部分，学校体育的育人价值体现了大学体育课程落实立德树人根本任务的本质，学校体育育人价值可以从"育体"和"育德"两个层面来揭示："育体"主要通过体育来培养学生的身体；"育德"则主要通过体育来培养学生的思想品德。对大学体育课程实现"育体"的价值已经得到学界和社会的广泛认同，对"育德"价值的实现仍处于起步阶段，并且"育德"的价值已超出体育学科生物学的属性，体现了体育学科的心理学和社会学属性。首先，"育德"赋予了大学体育课程的特殊任务。立德树人的提出确定了我国教育改革的基本方针，它既是现代社会发展的需求，也是现代教育改革的需要。按照现代社会发展的需要，构建一个和谐、稳定、人际关系融洽的社会是现代社会的基本特征。大学生作为建设现代社会的重要主体，高校教育必须体现立德树人的理念和思想，公共体育教学也不例外，立德树人的提出是新时代大学体育课程发展的必然要求。其次，"育德"是大学体育课程培养学生核心素养的要求。文化基础、社会参与和自主发展构成了中国学生核心素养的三个基本维度，是培养全面发展的人的具体体现。《中国学生核心素养发展报告》将文化基础、社会参与和自主发展又细化为人文积淀、人文情怀、审美情趣、信息意识等问题解决、技术运用等18个基本要点，其中健全人格和社会责任都指向了学生"德育"的培养，体现了体育品德方面的具体内容，不仅是中国学生核心素养发展的基本精神，更是大学体育课程发展的基本要求。最后，大学体育课程具有独特的"育德"价值。体育是以身体练习为媒介的教育方式，它与室内其他文化课学习有着本质的区别。一方面，体育课教学要求学生必须克服生理或心理上的极限；另一方面，体育课教学要求学生用意志力去完成所学的基本知识。同时，体育活动过程中需要学生通过团队配合的形式来完成基本的技术。另外，体育竞赛中有大量的规则，通过遵守规则能够培养学生的体育道德素质。

## （二）高校公共体育课程落实立德树人根本任务的实践指向

### 1. 学生主体成长的实践指向

古语有云，立德、立功、立言，此谓三不朽。可以看出，古人把立德置于立功、立言之上的，意在强调立德的重要性。党和国家的一系列教育政策的提出，都在强调"立德树人"的重要性。立德树人已经成为我国社会主义现阶段教育事业的一个核心任务，各类学校都必须积极贯彻和落实立德树人的根本任务。我国高校已经实现了数量上的扩张，并且随着教育强国战略的不断推进，高校无论在规模，还是数量上都将实现历史性跨越。但按照教育强国战略部署的要求，立德树人是高校的根本使命，落实立德树人根本任务是高校发展的根本使命。立德树人是指以德为先，教育过程不仅要传道授业，更要培养社会主义核心价值观，引导学生形成正确的人生观和价值观。体育为培养个体的道德意识、团队意识、规则意识以及集体荣誉感等方面提供了重要的实践载体，尤其是通过体育竞赛能够将不同层次的人群，按照特定的规则，使不同的个体能够按照既定的目标，依靠顽强的意志品质获取比赛的胜利，提升个体的归属感、团队意识和集体荣誉感。因此，高校在重视体育发展学生体质健康的提升时，要始终把落实立德树人作为高校体育工作的根本任务，在体育教学中培养学生的核心价值观，积极落实立德树人的根本任务，加速教育强国建设。

### 2. 高校协同工作的实践指向

过去一段时间，高校落实立德树人的根本任务往往存在雷声大、雨点小的现象，主要是由于高校对落实立德树人根本任务还未成体系化、协同化，学校各部门之间的协同性较低。大学体育课程虽然在立德树人教育的某一方面可能效果会稍好一些，但就大学体育课程长远角度来说，走协同推进道路是大学体育课程落实立德树人根本任务的前提。我国大学体育课程要取得进一步发展，就要自觉跟随中国共产党的领导，用大格局、大视野谋划发展，首要的一点就是要构建高校公共体育立德树人教学体系。教学是由"教"和"学"组成的，既不是教师的事也不是学生的事，而是要靠国家、社会、学校、教师、学生甚至是家庭等多方合力，才有可能促进大学体育课程体系的构建，才有可能真正促进大学体育课程达到质的飞跃。因此，大学体育课程落实立德树人根本任务的实践指向就是要构建起适合高校体育发展的立德树人的协同路径，让教师有体系去教，让学生有体系去学，进而才能将立德树人作为评价大学体育课程改革的标准，才能将大学体育课程落实立德树人的根本任务做精做细。

# 第三节　高校体育教学的影响因素

## 一、高校体育教学的环境因素

### （一）体育教学环境基本理论

体育教学环境是依据体育教学活动主体身心发展的特殊需要而组织起来，实现学校体育教学活动所必需的多种客观条件[①]。从广义层面来说，体育教学环境囊括了法律法规、家庭条件、社会制度等，这些因素是与学生、教师相对的客体。而从狭义层面来说，体育教学环境是教师与学生的综合。

国内的专家学者对体育教学环境各有说辞，到目前为止还没有一个统一的定论与标准，而体育教学环境对教学的重要性又不言而喻，这也是构成体育教学整体的重要部分，且体育教学环境相比较其他学科的教学环境来说，是一个较开放的空间环境。所以体育教学环境不仅包括为完成体育教学任务与体育教学目标所必需的一些物质条件，还包括体育场馆、体育器材、体育师资、体育教材等。此外，自然环境对体育教学任务的完成亦有较大的影响，如温度、湿度对体育课室外活动有较大影响。

### （二）体育教学环境的构成要素分析

体育教学环境是多个因素的构成体，其主体是体育教师和学生，而体育教师与学生在体育教学中互为客体，因此体育教师和学生也属于体育教学环境的范畴。此外，体育教学是教师与学生的活动，离开了教师和学生，体育教学就不存在，足见体育教师和学生的重要性。因此，体育教师、学生是体育教学环境中的重要构成要素。

体育教学环境的构成要素主要包括体育场馆、自然环境、师资队伍、人际关系、体育教师与学生之间的信息交流等。

体育教学环境构成要素如图 1-1 所示。其中，硬环境主要是指不能通过人为干预的物理环境以及教学过程中所需要的物质基础，主要包括体育课教学的物理因素以及教学设施；软环境指可以根据人行为的变化而发生改变的非物质条件，由体育课的师资队伍、教学制度、教学中教师与教师、教师与学生、学生与学生之间的人际关系、教学中的信息交流等组成。

---

① 张志勇．体育教学论［M］．北京：科学出版社，2005．

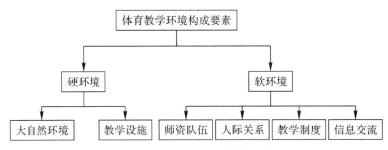

图 1-1　体育教学环境构成要素

1. 自然环境

体育教学主要以身体与专项技能的学习为主。温度、空气、湿度等人为因素无法干预的自然环境对教学活动都会产生一定的影响，这些因素会直接或间接地影响着体育课的教学效果和教学质量。若体育场馆内的光照时间充足、及时进行通风换气，会使师生头脑清醒、心情愉悦，那么整体的教学效果就会有显著提升，学生积极性也会大增；反之，则会令师生意志消沉，进而降低体育课的教学质量，学生学习效果也会大幅度降低。空气湿度对体育教学活动同样有着一定的影响，如夏季湿度要比冬季的湿度大，温度较高，室内外场馆教学时会导致学生身体不适，甚至中暑，影响正常的上课进度；而冬季天气寒冷干燥，学生对运动的敏感性降低，不愿进行高强度的活动和热身，因而极易受伤。

2. 教学设施

体育教学环境中的教学设施主要涵盖场地、器材、场地的活动空间等诸多要素，还包括一系列的服务项目，如场馆的采光是否充足，场地周边小的生态环境是否适宜，场地器材是否及时维护、保养、更新换代等，这些条件也会直接或间接地影响学生学习的兴趣和教师教学的心情。不合理的场地及器材甚至会对学生的身体造成伤害，所以良好的教学设施在日常的体育教学中具有至关重要的作用。场地器材对于教学的正常、顺利进行十分重要，良好的、正式的、专业的场地设施会给学生一种强烈的心理暗示，从而提高学生的学习积极性。

3. 师资队伍

体育教学环境，顾名思义，"教"就是教师，"学"就是学生，良好的师资队伍和教学设施一样是体育教学环境中不可或缺的重要环节，同样也是教学环境的基础。尤其是教学经验丰富、对课堂情况掌控能力和应对突发状况能力较强的教师，更能对课堂中发生的情况包括学生的心理变化都了如指掌，能够根据学生的心理变化审时度势地对教学内容进行调整和部署，所以优秀的师资队伍也是教学质量最有力的保障。通过对教师年龄、职称、学历、上课时的教学组织情况进行了解就可以看出教师的专业素养如何。

4. 教学制度

优秀人才的选拔和培养都囊括在高校教学制度当中，要确保人才培养过程中的科学性、有效性，确保人才培养的总体质量，有效地保证教学质量。良好的体育教学环境需要在多方面同时进行协调，除了良好的场地器材、优秀的师资队伍外，规范的教学制度也是教学环境的重要支撑，主要针对课程制定的标准、预测课程的发展方向、教师如何掌控课堂、规范学生行为而存在的，主要包含班级规模、教学内容、考核方式等。

### 5. 人际关系

良好的人际关系在教学活动过程中能够使教师和学生处在一种非常融洽的氛围中，最终能够有效保障教学质量。教师与学生之间的关系是维持教学活动稳定进行的最基本、最普通的一种社会关系。良好的师生关系，对于日常教学活动的开展能够起到至关重要的作用，在教师授课过程中会使学生更加尊重教师，积极投入体育活动中，积极与教师互动；同样，教师教学的积极性也会有所提升，从而形成一种良性循环。学生和学生间人际关系是体育教学过程中最普遍存在的联系。学生与学生之间主要存在团结协作和相互竞争两大关系，在学习过程中，需要教师正确引领，使合作关系占主导地位，适当地加入竞争性关系，以增强学生竞争意识。师生关系、学生之间的关系在教学过程中所占的比重是极大的，这也是人际关系研究的主要内容。

### 6. 信息交流

信息交流包括课上与课后师生、同学之间的信息互换，学生对技能动作的了解和练习基本都是课堂教学中进行的。教学中的信息交流主要包含两方面：一方面是指教师对技能动作和知识的传授，包括对学生动作的纠正，这些都是在教师授课过程中进行的；另一方面则是指在一些线上交流平台上交流、学习的过程，线上的信息交流平台则可利用现有的科技对一些技战术进行复盘，更直观地呈现给学生，从而能够达到更好的教学效果。这些平台也是师生进行学术、技战术动作交流、传递师生情感的媒介。

### （三）环境建设

#### 1. 硬件环境建设

（1）改善体育课的设施环境，加强体育场馆建设和管理水平。近些年来全国各大城市都相继推出人才引进政策，希望能够留住人才，建设智慧城市。高校也从招生方面进行保障，扩大招生规模，降低分数线等，但是随着学生数量的增多，高校的体育教学场馆设施的发展却依旧止步不前，特别是在技术课中，体育器材的质量好坏、数量多少都直接影响着教学的质量。因此，学校硬环境建设就显得尤为重要。具体如下：第一，政府在学校的建设中更多地给予学校独立发展的空间，尽可能多地提供政策和条件进行扶持，在经费的支持上做到透明公开、科学合理。学校则应当根据自身情况拓宽收集资金的渠道，利用自身的优势，通过与一些体育赛事公司合作或鼓励毕业校友的捐赠等多种形式来筹集教学资金。第二，在现有体育条件设施的基础上，发挥体育教学的特点，寻找运动项目的特点和规律，适当调整教学计划，提高场地的使用率。第三，根据学校的整体布局，计划好宿舍、教室、场馆三位一体的空间布局，人性化地建设场地。

（2）结合图书资料和多媒体平台提高学生身心素养。体育课的全称是体育与健康课程，在体育课中不只有体育技能教学，还有健康理论知识和体育理论教学，两者结合才能做到全方位地提高学生的身体和心理素质。即便在技能教学中，对于教师难把握的高精尖动作也可以采用观看视频的方法进行教学，这样的教学方式既能活跃课堂气氛，也能提起学生学习的兴趣，因此多媒体技术教学是提高教学效果的强大辅助工具，要多加利用。学生课外锻炼对技术动作产生疑问时，可以通过阅读体育书籍来解惑，也能够唤起学生对体育学习的热情。

2. 软件环境建设

（1）加强体育管理制度环境建设。首先，健全各类管理规章制度，落实长效管理机制。规章制度为体育教学工作的正常开展提供了有效指导及强力约束。高校各级领导需要通过各种科学合理的方法，全面深入地调查分析学校体育教学工作开展情况，在深入全面揭示现有问题的基础上深入剖析问题根源，并结合实际情况探寻出合理有效的应对策略。同时，需要在综合考虑各方面因素的前提下，设定合理可行的管理目标，制订严谨规范且具有良好可操作性的管理计划，由此构成一套完善规范科学可行的规章制度体系。唯有如此，才能够保证体育教学工作有条不紊地顺利开展，同时为体育教学活动的开展提供重要指导和依据。不仅如此，还需要进一步完善和优化各级管理体系，保证内部分工明确、权责清晰，引入合理有效的考评机制，激发管理层的工作热情，从而促进管理效率和质量进一步提升。其次，加强日常管理工作的执行与检查。在体育管理工作开展过程中，执行和检查是不可或缺的重要流程，不管制定的规章制度如何严谨完善，若未严格有效地执行与全面深入地检查，那么制度就只是徒有形式而已，其自身作用无法得到充分发挥，严格执行及深入检查是确保现有规章制度得到全面贯彻的有效举措，有助于高校管理层及时准确地掌握体育教学工作开展情况，客观全面地评价教学成效。另外，也能够帮助高校各级领导及时发现现有问题，为后续调整管理模式和策略提供指导。所以，学校在开展工作的过程中，需要保证各项规章制度得到积极贯彻和全面检查，让师生切实体会到学校领导高度关注体育教学工作，合理有效地开展体育教学活动。

（2）加强信息交流环境建设。首先，培养学生信息素养。构建体育教学信息环境有助于师生之间、生生之间及时、高效地传输和分享信息，为师生互动提供了有效支持。信息交流成效的高低和学生的信息素养之间具有较强关联。学生信息素养是一个相对较为抽象的概念，可将其大体划分为四部分：一是信息道德，二是信息意识，三是信息能力，四是信息知识。在开展体育教学工作的过程中，学生应具有通过合理渠道或方法采集并研究信息的意识，要有基本的信息学知识，能够及时发现并深入研究信息，并且掌握评价信息的道德准则。其次，畅通信息渠道。信息交流是否能够正常有序的开展和信息传播途径的畅通性之间具有较强关联。信息传播离不开特定的媒介，而这就表示要想获得良好的信息交流效果，就需要重视并强化对信息传播媒介的全面化、实时化管理。在开展体育教学工作时，教师应通过各种有效的手段和策略，加强师生间的交流与互动，营造起愉悦和谐的教学环境，鼓励并引导学生放下戒备，消除紧张情绪，积极高效地开展交流。另外，学校需要投入大量资金，不断完善和优化校园广播、局域网等硬件条件，促进信息渠道变得更加完善化、多元化。同时，学校需要通过不同的方法宣传体育知识，在条件允许的情况下，积极组织课外体育运动，创建体育社团，为学生交流提供良好的平台，促进信息高效实时地传播。最后，净化信息环境。净化信息环境是一项涉及多方面因素且需要采取多种措施的复杂性工程，简单来讲，不仅需要学生保持良好的信息道德素养，也需要学校以及教师给予大力支持。环境中的信息有好有坏、有真有假，若不进行合理有效的区分，或者区分能力较差，那么势必会影响学生体育意识的形成和发展，也难以促进学生树立起健康积极的体育观。所以，对于学生来讲，应通过各种合理有效的手段，促其信息道德水准逐步提升，学会正确分辨信息，从我做起，停止对不良信息的散布和传播。对于教师而言，应加强对课堂信息环境的全面净化，部分学生的不良言语或者不当行为往往会在非常短的时间内大范围传播，容易造成不良影响，教师应在结合实际情况的基础上给予合理引导，采取有效手段妥善解决，将其造成的不良影响尽量控制到最低。学校则需要加强体育宣传，着力在学校构建起良好的体育传统，促进信息环境得到有效净化。

（3）优化与调控课堂气氛。轻松愉悦的课堂氛围，能够促进师生之间实现平等友好的互动，也能够激发学生的学习热情，从而获得令人满意的教学成效。但是受各种因素的影响，高校体育教学开展过程中并未形成轻松愉悦的课堂氛围，这在一定程度上影响了教学成效的提升。所以，教师在开展课堂教学时，需要在综合考虑教学目标、学生情况等各方面因素的基础上构建起轻松愉悦的课堂，营造良好的氛围。可从下述几点优化和调控课堂气氛：首先，合理控制课堂气氛的类型。一般来讲，严肃活泼的课堂氛围能够促进学生对知识的了解与消化，而沉闷的课堂气氛则会在一定程度上影响学生对知识和技能的学习与了解。在开展教学工作时，教师应通过合理有效的方法拉近与学生的距离，逐步形成平等友好的师生关系。在开展其他室外课教学时，教师需要根据课堂环境的改变，灵活及时地调整教学策略与理念，重视对学生学习热情的激发，尽可能地构建起严肃且不失愉悦的课堂氛围。其次，关注每一名学生的情绪和状态。课堂气氛其实较为客观全面地反映了师生的情感及心理演变情况。一般来讲，积极的情感有助于营造活泼的课堂氛围，反过来，轻松愉悦的课堂氛围也能够激发学生的学习热情，促其积极参与师生互动，按照教师的指引和安排有条不紊地开展练习，由此构建起高效高质的课堂。而压抑沉闷的课堂氛围，则容易导致学生情绪低落，消极或被动地参与教师安排的活动或交付的任务，不利于获得良好的教学效果。若教师未及时发现并采取合理手段妥善消除学生的消极情绪，那么这种消极情绪就如传染源一般在整个学生群体中迅速传开，造成课堂氛围非常差。在体育教学中，受外部环境等相关因素的制约，学生往往会产生消极情绪，对此教师应在尊重学生的前提下采取合理有效的手段，循序渐进地引导，促其以放松的状态融入课堂教学之中。在开展体育教学时，教师要合理把握活动量。

（4）建立良好的人际关系。首先，转变教育观念，建立新型师生关系。受传统教育理念的影响，我国很多教育人士在开展教学工作的过程中，依旧广泛采用灌输方法，教师占据主导地位，学生只是消极或被动地接受知识。同时，受传统理念的影响，教师权威不容置疑，师生之间并未形成平等友好的关系，难以实现深入平等的交流，即便是在较为活泼的体育课程中也存在着这种情况。部分教师在开展体育教学工作的过程中，大要教师权威，要求学生完全服从于教师，并且要求学生在集合时快、静、齐。简单来讲，师生间不平等的关系严重制约了师生之间的良好互动，也不利于获得令人满意的教学成果，同时与我国当前倡导的现代教育思想相背离。学生参与体育训练的主要目的是在身体上获得放松、心理上感到快乐，但是不平等的师生关系根本无法构建起平等友好的师生关系，其至会造成学生对教师的不满与厌恶。在众多调查分析中，很多学生表示不喜欢体育课的主要原因是教师过于严肃，师生之间未形成平等友好的关系。人际关系是通过合理有效的人际交往而保持和实现的。教师应正确认识人际交往在体育教学活动中的重要地位，应放下身段，学会和学生平等交流、相互尊重，在教学中扮演指导者的角色。唯有如此，才能够和学生进行平等友好的交流，从而获得良好的教学成效。其次，与学生进行情感的沟通与交流。在体育教学过程中，交往形式丰富多样，既包括语言交往，也涵盖了行为交往等，而这是其他学科教学所无法比拟的，这也是体育教学的一大特色。所以，学生在参与体育教学的过程中，并非只是身体方面参与活动，心理上也要跟随着教学活动的开展而相应地变化。若在开展教学工作的过程中，教师只是和学生进行知识技能方面的沟通，那么只会对学生的身体产生影响，根本无法对学生的心理意识、思想理念等产生潜移默化的影响，而学生体育观的塑造、运动习惯的树立等均和其心理意识具有较强关联。所以，教师在开展教学时，需要和学生进行深入全面的交往，在尊重和信任学生的前提下充分发挥学生的主体作用，重视并强化与学生心理层面的交流，逐步引导学生增强体育意识，激发他们对体育运动的热情。最后，积极开展合作学习。在开展教学活动时，教师需要结合实际情况，鼓励并引导学生之间深入交流、协同合作，促进学生之间优势互补、规避不足，这样不仅能够促进学生的知识和技能全面提升，也能够提高学生的社交能力，最重要的是能够教会学生协同合作，增强团队协作意识。教师需要认识到学生间的交流与交往并非只停留于课堂上，课堂之外也需要保持密切联系，相互帮助，共同攻克难题，从而实现自身全面发展。

### 3. 突破体育教学时间和空间的限制

关注焦点是互动仪式的重要构成部分。在体育教学中，无论是教师还是学生都需要密切关注共同的活动，以此在掌握更多技能和技术的基础上促进自身素养得到全面提升。受时间和空间等各方面因素的影响，学生的注意力往往无法保证每时每刻都高度集中，教师应合理把握教学节奏并采取合理有效的教学策略，尽可能地消除空间距离等因素带来的不良影响。

第一，体育课时间上的延伸，大部分学校的体育课比较少，每星期只设置了一节课。大部分师生表示，每星期至少应开展两节体育课，并且他们普遍表示，最好能够在环境质量比较好的下午开展体育运动。所以，最好能够将体育课开设于下午时段。大量调查发现，在一天之中，人的大脑最清醒、最睿智、运转最快的时候是上午，因而最好在上午安排文化课；而运动热情最高涨、运动活力最高的时段是下午，所以，最好能够在下午开展体育课。严谨合理地部署课程有助于获得事半功倍的效果。

第二，缩短宿舍—体育运动场地—教学楼的空间距离，在合适的空地区域创建小型运动场，以供学生开展羽毛球等有益于身心的体育活动，这样不仅能够满足学生的运动需求，也能够在一定程度上缓解运动场地不足的压力。如河南大学引入并使用了共享单车，有助于节约学生的行走时间，值得其他学校借鉴。同时，要在全面整合并优化配置校内资源的基础上，科学合理地部署并开展体育教学工作，在做好安全工作的基础上，在校内广场、树林等地开展体育活动，譬如轮滑等。

第三，高校在开展体育教学工作的过程中，应立足于具体情况，打破校园围墙的束缚，充分利用城市资源，积极打造合适的体育项目，比如攀岩、滑冰等，进一步扩大高校体育教学空间，由狭小的校园逐步向周围城市、全社会延伸。空间延伸不仅有助于缓解校内运动场地不足的压力，也能够全面有效地满足学生的运动需求，同时也有利于高校体育教育和社会发展之间深度融合。

## 二、高校体育教学的教师因素

### （一）高校体育教师教育理念及定位的转变

#### 1. 高校体育教师对传统教育理念的转变

随着时代的发展，高校体育教师教育理念从传统的现代教育理念转变为后现代教育理念。长期以来，学校教育教学中比较重视理论，轻视学生的全面培养，导致有的学生理论课的成绩非常优秀，但综合素质相对较低，尤其是身体素质方面。因此，在体育教学中体育教师的教育观念必须做出调整。教师要尊重学生主体地位和个性化人格，注重学生身心素质的提高。

## 2. 高校体育教学更体现学生的主体性

体育教育属基础学科，高校体育教学中应重视学生身体素质的培养。把体育锻炼、全面素质培养的能力传递给学生是每一个高校体育教师的责任和义务。在教授体育相关知识和技能时，不能单纯使用讲解或动作模仿，应该尽可能多地让学生理解记忆、理解学习，不断提升以学生为主体的体育素质及体育锻炼效果，充分体现学生主体的后现代教育理念。

## 3. 高校体育教师与学生身份的转变

高校体育教师由知识的传授者转变为学生成长的促进者。知识是不断变化的，对学生和教师而言知识的增长是一种挑战。体育属实践性较强的基础性学科、教材少、涵盖范围广是体育课程的特点。因此，高校体育教师要积极指导学生获取所需知识的途径和方法。体育教师不再只担任传授者的角色，还要教会学生如何克服时代的压力和困惑，以及解决面临的社会棘手问题。体育教师要从传授者（说教者）身份转化为学生的引导者和后期学习或生活中的促进者。

### （二）当代高校体育教师专业化发展

#### 1. 增强体育教师职业精神

良好的职业精神是促进体育教师教学工作专业化发展的重要途径。因此，在高校体育专业化发展过程中，应当强化对教师岗位意识和职业精神的培养，将职业精神转化为教师专业水平提升的内在动力。对于高校体育教师而言，职业精神的内涵丰富，既包括对工作的热情与态度，也包括对学生的关心与爱护，还包括自身的能力与水平等。具体表现为在教学活动中具有高尚的品德和修养，以热情饱满的精神状态对待课堂教学，做到为人师表、言传身教，自觉提升专业素养和水准，以严谨、认真、科学的态度治学，掌握体育教学的科学方式与合理方法，给学生提供专业、优质的教学内容。学校应当强调职业精神的重要性，对教师职业精神提出高标准、高要求，树立职业精神榜样。教师自身也应当提高对职业精神的重视，加强自我教育，严格要求自己，在工作中逐步提升自身的职业精神和素养。

#### 2. 为体育教师提供更多的交流途径

高校体育教师的专业化发展历程中，应当促进教师之间的经验交流和心得分享，实现教师之间的优势互补。首先，高校应当促进内部教师之间的互动与交流，为体育教师的沟通与交流创造平台和契机，促进教师之间知识与经验的分享与传播，集思广益，实现思维的碰撞和知识的创新，让教师在彼此交流与相互分享中有所收获和提升，进一步丰富专业知识与技能的储备，提升教学质量和水平，实现自我的完善与发展。其次，还应当促进体育教师与外界的交流与互动，实现信息的传递，促进学术交流的开展，为教师的科学研讨提供资金与条件，积极促进教师参加相关的专业性研讨会，及时更新教师的专业知识和资讯信息，学习他人先进的教学方式与手段，借鉴他人优秀的经验，有效地促进本校教师知识面的延伸，开阔教师的视野，最大化地提升教师的专业水平和素养。在此基础上，将信息技术广泛地运用在教学活动中，体育教师也应当与时俱进，积极利用网络媒介来实现专业信息的获取与收集，利用博客、论坛等途径与教育专家以及同行展开深度的联系与交流，实现共同进步与发展，提升自身的专业素养。

### 3. 积极开展教研和科研活动

教研与科研活动是促进体育教师专业化发展的重要途径之一。首先，高校体育教师应当对自己的教研与科研水平提出较高的要求，积极投入教研与科研工作中，寻找和把握科研机会，主动申报和参与。通过有效的参与，对教学工作进行深入的探究与思考，从而对体育教学的专业性知识有更加深入的理解与认识，得出专业性的结论和成果，并运用到实践教学工作中，将研究成果和实践工作有机融合，对教学方法和测量室进行优化与改进，促进教学质量的提升以及专业水平的提高。其次，在教学研究的过程中，对以往的教学工作进行总结和思考，对自身的知识结构与专业技能进行反思和审视，从而更好地实现自身的专业化发展。再次，高校也应当发挥自身的作用和价值，为教师教研、科研工作的展开予以支持和鼓励。尤其是针对部分专业水平有限、教学质量不高的教师，高校需要发挥引导与监督作用，建立促进教师专业化发展的部门或组织，如设置体育教研部等，为教师教研与科研工作的展开提供平台和帮助，为教师规划专业化发展的路线和方案，对教师的工作提供科学的指导。同时，通过专门的部门和组织来为教师的科研工作提供便利，提升教师的专业化思维与能力，提高教师科研的动力与热情。最后，相关部门和组织要最大化地发展自身的作用和功能，构建浓厚的专业发展氛围，加强教师之间的合作与交流，让每位教师都能发挥自己的优势与价值，打造团结协作、齐心协力的科研队伍，从而使每位体育教师的专业水平和职业素养得到提升，实现体育教师的专业化发展目的。

### 4. 优化体育教师队伍

高校体育教师专业化发展过程中，应当积极引入专业优秀的人才，树立榜样和示范作用。挑选教师团队中的学科带头人，积极组织专业教师"传帮带"活动，让专业性强的优秀教师给予专业水平较低教师合理的指导和帮助，尤其是针对部分经验不足的教师，为他们提供更多专业指导、研究提升、交流讨论的发展平台和途径。让优秀教师的教学经验、科学方法、有效手段更好地教授给资历尚浅的教师，促进年轻教师专业化发展，最终实现体育教师队伍整体专业水平的提升，实现教师之间的优势互补、共同进步。

### 5. 完善专业考核体系

建立健全专业考核体系是促进体育教师专业化发展的有效途径之一。通过科学完善的考核体制，既能对教师的教学能力和专业水平有所把握和了解，还能激励和促进教师不断地积极进取和完善自我。对于高校体育教师的考核一方面要关注专业教学能力，另一方面还应当注重科研水平和教学质量的考核，有效地改变以往"重教学轻科研"的问题。保障考核可以有效地体现教师的专业发展状况，激发教师专业发展的热情与动力。

## 三、高校体育教学的学生因素

### （一）大学生体育学习需求偏好

#### 1. 大学生体育学习需求偏好的层次

大学生的体育学习需求偏好差异表现在对不同体育学习内容的偏好需求上：其一，喜欢与同学一起参与体育锻炼的偏好形式。其二，喜欢在下午或傍晚的时间段参与体育锻炼。其三，文科偏向于有健身指导的情况下参与体育锻炼，喜欢一些普及开展的大众体育项目；理科生偏向于无指导的独自锻炼，喜欢球类运动，乐于在体育活动中交友，喜欢新兴、有挑战的体育运动项目。其四，男大学生喜欢参与群体组织的体育活动，喜欢有竞技类体育运动；女大学生喜欢能修饰身体美感或有美感的体育运动项目。综上对大学生体育学习需求偏好的现象分析可知，大学生的体育需求偏好现象是既有由内而外的需求，也有由内及外的需求，呈现着多样化的特点。

大学生体育学习需求不是一个单纯的现象问题，也不仅仅反映大学生对体育场地设施等物质条件的追求，更多反映了大学生体育学习需求与学校供给需求的实质问题，是学校供给大学生的物质和条件能否满足大学生体育学习需求偏好的"供与需"的问题。体育运动的迅速发展、社会对人才的多样化需求，及专业知识、性别、年龄等因素，使大学生的体育学习需求偏好存在多样化的差异。但高校有着比较固定的体育教学任务，且随着户外体育运动、休闲体育运动项目等的兴起对高校体育教学形成的冲击，多数高校把体育教学重点放在为大学生提供体育运动项目和不同的体育运动项目场地，忽视了大学生实质的体育学习需求。所以，高校在花费大量的资金和资源的情况下也没能让大部分大学生获得体育学习需求的满足。

#### 2. 大学生需求与学校供给之间的反馈与应答机制

高校体育教学服务供给大学生学习体育需求服务需要得到反馈和应答才能采取相应的措施以实现学校体育教学的最大服务利益。以大学体育学习需求偏好为导向，构建体育教学服务与管理工作反馈与应答机制，使学校与大学生体育学习需求中的"供需"模式真正运行起来。针对大学生体育学习需求偏好现象，高校要分析其需求偏好问题的重要性与迫切性，把握好不同大学生群体体育学习需求偏好的变化，优先解决大学生最迫切需要满足的体育需求，深入了解大学生体育锻炼形式、体育活动时间、最喜欢的体育学习内容等方面的需求问题。在短时间内，学校体育教学服务与管理机制的供给不能满足大学生体育学习需求的情况下，应优先考虑对课余体育活动的组织的供给，选择开展简易有趣的体育游戏项目活动，调整大学生体育学习需求不足的心态。近年来，大学生体育学习需求受各种因素的影响而膨胀，高校在体育公共服务的投入虽然在不断增加，但由于学校对体育公共资源支配服务与大学生体育学习需求不对应，导致当前高校体育教学模式出现了"学生需要的没给"，"提供给学生的但与学生需求不对应"的难题。针对高校当前出现的"供需"不协调统一的现象，应成立学校体育教学反馈与应答机制管理小组，为学校体育教学模式进行服务，搭建新的、与大学生体育学习需求偏好相统一的"供需"教学模式。

### 3. 学校体育需求供给机制的结构

高校的体育教学服务本应与大学生的公共需求相对应，但由于大学生的体育学习需求偏好存在多样性，使得高校开展相应的体育教学组织管理工作很难。因此，应对大学生体育学习需求供给机制的结构进行分析。首先，要从高校的体育教学任务和体育服务及管理能力的角度衡量高校体育教学的服务和管理。高校的体育教学任务在怎样的范围内对大学生提供什么体育需求服务，主要取决于大学生体育学习的实际需求；而"体育服务及管理能力"是指学校的体育教学物质条件和体育教学服务的能力，其中就包括学校的体育教学经费、校园体育场地的优良程度和体育教学水平。其次，根据学校与学生双方的"供"与"需"两方面体现出来的强弱程度来划分学校体育需求供给机制的结构。高校作为"供"的一方，大学生作为"需"的一方，最直接的就是大学生有哪些体育学习需求，学校就提供哪些体育服务，这是体育需求供给结构最重要且最基本的共识。最后，依据大学生体育学习需求偏好的层次性对体育需求供给结构进行分析，即包括体育教学重心服务、体育需求基础服务和体育支持服务。高校体育需求供给机制结构如图1-2所示。

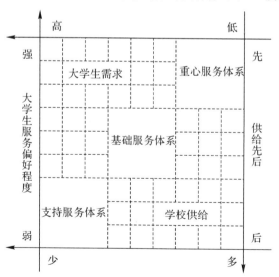

**图1-2　体育需求供给机制结构**

由此可见，高校体育教学的重心服务体系决定着大学生对体育学习的积极性和主动性；体育需求基础服务是指对大学生参与体育学习中获得体育知识或体育技能的改善与发展有着重要的推动作用；体育支持服务是指开展一些班级体育活动、课余体育比赛等有助于提高大学生体育学习的参与水平，支持大学生向全面发展的服务。

4. 建立"供需"统一的教学模式与教学机制

高校的体育教学与大学生的体育学习之间的"供需"是一项比较复杂的工程，唯有从高校和大学生两个主体角度去分析才能更全面地了解到高校体育教学与大学生体育学习需求之间存在的具体问题。下面主要从高校教学模式、体育教学反馈机制与体育教学管理部门的应答机制这三方面对大学生体育学习需求偏好问题提出解决对策。

（1）建立"供需"协同统一的体育教学模式。高校的体育教学与大学生体育学习之间当前存在的最根本问题是：高校体育教学模式与当前高校大学生的体育学习需求特点已经不相符。具体表现为高校提供的体育教学与大学生体育学习需求偏好不相统一，即高校提供的体育教学服务（包括体育课、课余体育活动、体育场地等）没有完全符合高校大学生真正的体育学习需求，因而引发大学生"喜欢体育却不喜欢体育课"等的体育学习消极现象，对大学生在高校阶段的体育学习产生不利影响。因此，为促进高校大学生体育学习，高校应设法对当前体育教学模式进行调整，建立"供需"协同统一的体育教学模式，使之与高校大学生体育学习需求相统一，激励大学生积极参与体育学习。

（2）构建大学生体育学习需求的体育教学反馈机制。在高校的体育教学中，高校"教"与大学生的"学"之间的连接实际与生物链相似，一旦出现脱节，则会对体育教学的各主体都造成不良影响。高校出现"供需"不协同统一的主要原因是大学生反馈的体育学习的需求偏好信息没有部门接收，造成高校对大学生体育学习需求的实际情况不知悉。所以，高校则会按照教学计划按部就班地进行教学，以致高校大学生的体育学习态度日渐消极，最终影响体育教学的开展。根据该现状的分析，高校在体育教学方面应成立收集大学生体育学习需求偏好信息的工作小组，负责构建体育教学反馈机制，将"高校→体育教师→体育教学内容→大学生体育学习需求"连接起来，达到相互之间的协同发展。

（3）成立高校体育教学管理部门高效的应答机制。高校体育教学管理部门对体育教学和体育活动的开展有着生死存亡的决定权。学校开展的体育教学内容及组织体育教学活动首先需要教学管理部门的同意才能开展。但由于高校在针对体育教学管理中缺少专门的负责管理体育教学的应答部门，在体育教师或大学生将相关信息向上级反馈之后，需要经过比较繁杂的程序方能审批或回应，导致出现体育教学与体育学习的"双低"效率。因此，在我国大力推进体育改革，强化体育课和课外体育锻炼的背景下，体育教学工作的开展应以促进青少年身心发展为基本目标，以高校体育教学管理部门成立高效的应答机制为重任。

**（二）教育生态学视角的高校学生体育管理工作优化**

高校学生体育管理工作最大的特征是整体性，通过管理者（教师）、学生和外部环境三者之间的相互联系构成一个整体。高校学生体育管理工作也存在"生态平衡"，生态系统的发展是从平衡到不平衡再到平衡的一个循环过程。所谓的生态平衡只是一种理想的状态。在教育生态学的视角下进行研究，在当今互联网信息交流时代背景下，为保持高校学生体育管理工作的生态平衡，对体育教学、体育活动、体育竞赛和外部环境等方面存在的矛盾予以解决，从而对高校学生体育管理工作进行优化。

### 1. 高校学生体育管理工作主体步入"互联网＋"时代

高校师生应以辩证的眼光来看待"互联网＋"时代对教育带来的影响。从学生管理工作上来看，互联网为高校学生工作提供了广阔的发展前景，更快捷、方便的管理系统、管理模式为高校学生体育管理工作的创新发展提供了基础。但是，高校应认识到网络教学、管理等手段只能作为辅助手段，不能喧宾夺主，过多地依赖网络教学和管理就会忽视了高校教育与学生管理的主旨。传统的高校体育管理工作以教师管理为生态中心，学生体育活动、体育教学的完成建立在教师的指导下，对教师自身的发展和进步却有所忽略。"互联网＋"时代背景下，教师与学生作为高校学生体育管理工作的主体，教师的管理地位不再是管理的唯一中心，教师管理、教学水平的高低直接影响着高校学生体育工作开展的效果。因此，为了更好地开展高校学生体育管理工作，提升体育工作效果，高校体育工作管理人员必须提升管理、教学水平，充分利用互联网实现管理者自主发展。在互联网环境下，学生也应发展在高校体育活动中的自主能力，教师对学生的体育活动进行引导、辅助和配合；学生可在教师规定的范围内，发挥学生的自主性，从而实现高校体育工作开展的多样性、个性化和创新性。

### 2. 优化外部环境，打造"互联网＋"效果

环境因素可以给人的感知和行动提供认知供养。高校体育工作的开展离不开体育运动场所，体育管理工作生态随着外部环境的变化而改变，信息时代使得高校学生体育工作生态系统出现失衡。高校学生体育工作生态的失衡应以生态化环境为依托，不断地优化外部环境，适应互联网的发展要求，才能更好地将高校学生体育工作从失衡向平衡状态的转变。高校教师与学生要善于利用移动互联网，在生态环境中以互联网为依托，不断地发展自身，满足个体需求，学生要不断适应高校"互联网＋"体育环境，充分利用体育生态环境，从而打造高校体育活动"互联网＋"效果。

### 3. 以"互联网＋"为依托，形成良好的体育管理工作生态

从教育生态学的理论来看，高校作为一个大的生态群落，而各个小生态系统发展对整个大生态群落有着巨大影响。在高校体育工作中，各学院之间的体育竞争即为高校学生体育教育活动的竞争，为保障高校学生体育生态系统中生态循环的良好性，高校学生体育管理工作必须以外部环境为基础，建立以"互联网＋"为依托的体育工作管理模式，对所指定的管理制度进行落实，定期检查存在的问题。高校学生体育管理工作应充分利用"互联

网+"时代带来的便利，从管理者角度来看，应加强教师管理理念的学习，借助互联网手段开展高校学生体育工作；从学生方面来看，纠正学生使用互联网的不良行为，引导学生使用移动设备参与体育活动，提升学生兴趣，充分发挥学生的自主性；从外部环境来看，利用互联网营造良好的高校体育活动氛围，优化高校体育外部环境，采用互联网手段包装学校体育外部环境，达到外部环境与互联网的有机融合。只有通过三者的平衡发展才能更好地保障高校学生体育工作生态循环的良好运行。

# 第二章 高校体育教学的课程内容

## 第一节 体育教学课程体系构建

### 一、当代中国学校体育教学内容演进的特点分析

#### (一) 是我国学校体育指导思想的集中体现

中华人民共和国成立后,学校体育完全否认了原来的指导思想,原来的指导思想主要是以实用主义为主,依据其学校体育教学理论确定了教学指导思想,教学指导思想的主要目标是"三基",即基本知识、基本技能和基本技术,把竞技项目作为体育教学的主要内容。到 20 世纪 60 年代,教学内容的发展呈现出多样化,把加强学生的身体素质作为学校指导思想的主要内容;以唯生物观为主的军事体育教学思想又占主要的地位。到 20 世纪 70 年代,在指导思想方面,有学者建议教学指导思想应以身体素质的教育为主,在教学内容的选择方面,应该以身体训练为主要内容,但这都没有重视心理和社会素质的养成;到 20 世纪 90 年代,以唯生物观为主的体育教学思想向三维体育观改变。进入 21 世纪以来,提出了教学指导思想以健康第一为主,新课标开始实施,国外出现终身体育、快乐体育的思想,人们才开始关心课程资源的利用问题,对选择健康教育和教学内容的问题也开始了进一步的探索。

#### (二) 与社会需要和教育发展密切相关

20 世纪 70 年代以前,因为国家发展和各领域建设的需要,主要依据社会和国家的实际发展情况来选择教学内容。随着教育和社会的不断发展,每个国家都越来越注重制定教育发展的政策,为了提高人民的素质,选择的内容逐渐以培养学生的素质为主。因此,社会在不同的时期有着不一样的需要,教学思想和教育制度的发展变化,都会对体育内容的改革发展产生影响。

#### (三) 学校体育教学内容选择原则趋于合理

选择学校体育教学内容时要考虑的因素比较多,而应主要考虑的有以下三点:一是我国国情,二是体育教学的基本规律,三是体育教学的目标。要依据一定的规则条件来选用教学内容,选用的内容要有科学性和有效性。在选择教学内容时要从学生发展的角度考

虑，同时还要考虑学校的现实条件。教学内容选择的总原则是以教学目标来统领教学内容。所以，在进行内容选择时，应按照以下具体的原则执行。

1. 实践性与知识性相结合

体育的本质属性决定了要把知识性和实践性的原则相结合。通过体育锻炼体会快乐，提高身体素质，提升品德和个人修养，这都是通过教学内容来完成的。知识性的原则主要表现在为何这么做、这样做的目的是什么、该如何做等，这都要运用理论思维知识来讲解，在实际中感受掌握。

2. 健身性与文化性相结合

体育教学的健身性是其内容的本质属性，是区别于其他教学的明显特征。文化性主要是指内容要能够促进对学生体育价值观和理想的培养，增强对体育的理解。文化性和健身性相结合的原则是指教学内容要同时具有提高文化修养、锻炼身体的作用。

3. 民族性与开放性相结合

体育表现的形式和内容与一个国家和地区的民族习俗和文化有很大的关系。民族性就是在教学内容选择时，选用的优越项目有民族特色，在开展的过程中，把这些项目良好的传统教育效应和健身的作用体现出来。教学内容只重视民族性是不行的，无论是哪一个民族，在其成长进程中都会受到多种因素的影响，因此，只有把开放性和民族性相结合，才能构建合理的教学内容组织结构。

4. 继承性与发展性相结合

继承优秀的民族传统文化是教育的一个主要作用。继承性的特征是传承优秀的文化遗产，把民族传统文化的内容添加到教学内容中。继承文化是批判性地进行选择，如对民族传统文化内容的继承，应在选用优秀内容的基础上把不合适的内容删掉，与现在社会进步相适应，这也是体育发展性的体现。如当下武术的传承，就体现了体育发展性和继承性相结合的原则。

5. 统一性与灵活性相结合

教学内容是面对全体学生的，教学内容的统一性是指体育教学有共同的准则和标准的目标。然而教学内容也不是完全按照标准来进行的，它具有一定的灵活性，灵活性就是指要根据现实的学生特征和教学的条件来选择教学内容，把灵活性和统一性相结合，才能全面地发展学生的身体和心理素质。

**（四）学校体育教学内容选择依据趋向全面**

教材内容制定的基本因素为以下三个：社会的发展、国家的经济和为了与发展相适应而对教育提出的要求。体育内容的选择不能超出现有的知识，即要选择人类累积和已探索得到的知识；选择的内容要根据学生心理、身体发展的基本规律，要能促进学生身体和心理的发展。在运用新课程时要想促进学生的全面发展，就应把实现终身体育当作核心，学生要了解一些常用的知识，包括体育欣赏和体育训练的知识；在不同的发展期，学生应该进行不同强度的体育锻炼，并在体育锻炼的过程中体会运动带来的欢乐和益处。因此，也可以说这一依据是从实践操作的视角来确定的。在新课标中，教师拥有选择内容的权利，在进行内容选择时，教师应更加了解学生及教学，因此，教师在进行内容选择时的主要依据可归纳为以下几点。

### 1. 体育教学目标

新课标指出教学方法和内容的选择受目标完成程度的影响。教师对教学目标进行确定后，就要考虑选用哪些内容来实现它。为了教学目标的实现，应该选择合适的内容和教学手段，由于不同的学习阶段教学目标也不同，所以在进行内容选择时不要只思考年级的目标；教学内容主要是为了实现教学目标的，因此目标不同选择的教学内容也应不同。所以，选择教学内容的第一个依据就是教学目标。

### 2. 学情特点

了解班级学生的特征是教师上课和备课的前提条件。学情主要包括学生的课堂习惯、体能基础、身心发展特征、运动技能基础、运动兴趣等，在选用内容时，教师要根据学情的特征，结合学生的成长需要，选择合适的教学内容。

### 3. 客观教学条件

客观条件包括的内容比较多，如民族、文化、习俗、宗教，以及不同地区各方面发展的区别等，选择教学内容时要考虑的方面也比较多。

### （五）学校体育教学内容选择方法逐渐多样化

### 1. 参考教参法

教学参考书中包含充足的教学内容，都是相关专家为一线的教师选择的内容，这些教学内容很多都是已经教学实践过的、可行的，教师依据现实条件从这些内容中来选取适合的。这样就减少了体育教师选、编、创体育教学内容所用的精力和时间，使备课和上课的效率大大提高。

### 2. 加工改造法

一线教师在选择教学内容时，会经常遇到书中的内容不符合学情、校情或者内容太简单等问题，教师要对课上内容进行改革，其依据是教学目标。由于社会的迅速发展，体育课上引进了流行的运动，在选择内容时教师要对其进行更改，使学生能够容易地掌握。

### 3. 开发创编法

新课改实行以后，不同地区的教师开始对民间民族的运动项目进行开发，获得了丰富的成果，因此，教师在选择内容时，如武术、球类、游戏等，经常要自己编选内容，有时可以让学生自己进行创造性的开发，通过这种方式来锻炼学生的创新能力。所以，教师依据不同的资源编选内容的方式，也是在课堂中选择内容的一个方式。

## 二、高校体育教学内容体系构建的必要性

### （一）教学内容体系构建的价值导向：社会、学科、学生

#### 1. 社会发展推动教学内容改革——外部动力

由于大学生体育素养与健康意识的逐渐提高，高校开设的公共体育课程面临着更大的挑战。体育课程在增强学生体质、提高审美品位、塑造形体等方面有着重要作用，能够满足学生健身、健心、娱乐等多方面的需求，这些都是大学体育课程的一个重要组成部分。然而，当前普通高校开设的体育课程还存在着课程体系不完善、课程内容设置不全面、课程学时不足等问题，不仅降低了课程质量，制约了体育课程的发展，同时也削弱了学生的积极性，无法实现对学生终身体育意识的培养。因此，目前大多数高校的体育课程难以适应当前社会及学生发展的需要，亟须科学合理地构建教学内容体系。

#### 2. 体育学科知识的演变促进课程内容的重新整合——内在动力

原有的单一体育教学形式已无法满足学生的需求，体育教学内容因武术、舞蹈、健美操等多种运动形式的引入而变得纷繁多样。从体育教学内容的发展变化来看，体育课程内容为枝叶的大型树式结构，不断细化的知识与逐渐庞杂的内容让体育教学从简单的单一形式发展成为多种形式并存的独立学科知识体系。而由于体育教学中融入的多种元素在练习形式、本体来源、运动理念等方面有本质差别，要使不同体育教学内容平衡、稳定、持续发展，就必须对体育教学的知识体系进行分类、整合，使体育教学的内容更加规范化、系统化。

#### 3. 学生的动机和需求要求体育教学内容改革——必然要求

学生作为体育课程的主体和教学对象，限制着体育课程内容。一方面，学生的动机水平影响着课程内容的可行性；另一方面，课程内容的设置也应关注学生的兴趣与需求。动机是影响学生选择体育课程的内在动力和原始动力，既是影响他们选择这门课程的直接原因和目的，也是推动他们在这门课程中深入发展的驱动力。学生的兴趣与需求是影响课程内容选择的重要因素，也是影响他们长远地进行相关学习的直接因素，不能调动学生积极性、不能满足学生需求的课程内容无法对学生的学习和生活产生长久而有效的影响，它们终将被淘汰。

### （二）课程内容体系构建的理论基础和依据

正确把握体育教学内容体系中各种基本关系和规律的关键是有科学的理论观，高校体

育教学内容体系的理论基础决定着课程内容的价值取向，并为课程内容体系的构建提供方法论指导。

### 1. 系统论

系统是指具有特定规律和功能的整体，是由若干相互联系和相互作用的要素构成的，是有机统一不可分割的整体。高校体育教学内容体系可以看作是一个由不同功能的课程内容构成的系统，系统的每一个元素都是一类课程内容，通过相互联系和作用，构成了完整的体育内容体系。所以我们在构建整个体育课程内容体系时必须充分运用系统论的思想和方法，进行切实合理的协调，最终实现内容体系的优化发展。因此，系统论为高校体育教学内容体系的构建研究提供了方法论依据。

### 2. 教学过程最优化

巴班斯基最早提出教学内容优化思想，并在其所出版的《教学过程最优化——一般教学论方面》和《教学教育过程最优化——教学法原理》书中，较为系统地提出了教学过程最优化理论。最优化理论指出，教学内容的优化就是在每一个具体的教学内容设计时一定要与教学中教养、教育和发展三方面的任务相符；突出教学内容中的本质因素，从而节约教学时间、减少学生压力；同时要注意协调相邻学科之间的联系，避免教学重复；还要根据不同班级、学生间的差异，在规定的时间内安排不同分量的学习内容等。因此，在选择体育教学内容时既要考虑巩固学生的基础能力，满足未来生活发展的需要，也要凸显高校体育课程的价值，吸收最新成果，关注改革进展，增加课程的实用性和延续性。

### 3. 分层教学理论

近年来，随着新课改的不断推进，分层教学开始广泛应用于各学科。分层教学针对学生个体差异进行因材施教，实现所有学生在已有基础上进一步提高和发展的目的。因此体育分层教学是依据同一个行政班级的学生不同的身心发展水平，将其客观地分成几个层次，针对不同层次学生的特征设定不同层次的教学目标，并安排与之相应的教学内容，采取多样的教学方法手段、环节、评价，帮助不同层次的学生在自身的基础上都有一定的提高。将体育课程内容体系建立在分层教学理论之上，尊重学生的个体差异性，注重学生的个性、兴趣与需求，科学地选择合适的课程内容，从而使学生的整体水平得以提升。

### 4. 认知发展的规律以及运动技能形成的阶段

认知水平是按从简单到复杂，从低级到高级的规律发展的，前一阶段是后一阶段发展的必然前提，后一阶段是前一阶段的自然延伸。依据运动技能形成理论可以得知，健美操动作技能的形成是由简单到复杂的过程，必须经历"初步学习—改进与提高—巩固与自动化"三个阶段，通过反复练习使肌体动作技能由低水平向高水平协调发展，最终实现高度的稳定性和准确性。初、中、高级班三个水平层次的课程内容之间是相互制约与影响并存在顺序性关系，不断扩大深度和广度，呈现出递进性的整体发展趋势。在已构建的课程内容体系中，教师在初级阶段教授完基本动作和基础套路后，进入中级班时需要将已有的基本技术进行巩固后，再继续安排下一阶段的学习，高级班是在中级班的基础上着重发展学生的创新能力、突出学生个性。学生通过这三个水平层次的学习，既能够循序渐进地提高自己的专项技能，同时在每个阶段都能获得成功的喜悦，保持较高的学习兴趣和积极性。

总之，确立体育课程内容体系是一个复杂的过程，需要依靠系统论教学过程最优化、分层教学理论等多方面的理论依据支撑。正是有了这些基础理论的支撑，才能确立科学准确的体育课程内容，从而促进体育课程的发展。

## 三、课程内容体系构建的原则

课程内容体系建构原则是建构课程内容体系时必须遵守的最基本准则和必不可少的重要环节。"没有规矩，不成方圆"，所以无论是选择还是组织课程内容，都要依据一定的原则。

### （一）实践性与综合性相结合原则

在高校体育教学内容体系构建的过程中，既要突出实践性，也要体现综合性，其中综合性包括知识性、文化性等。因体育课程的本质属性所决定，体育课程是一种以技术教学为主要内容的实践性活动，其体系的构建首先要结合教学的实践性与知识性，在实践活动中结合知识的传授、体质的增强、品格的培养、情意的养成等；此外，要结合教育实践性与文化性，丰富课程内容文化内涵，有利于树立学生对体育的正确认识，培养正确体育价值观和体育道德，并具有良好的健身价值。

### （二）整体性和衔接性相结合原则

整体性和衔接性相结合原则是指在构建本科公共体育健美操课程内容体系时，将体育课程作为一个整体，对课程内容进行合理的选择和有序的组织安排，同时要考虑运动项目所包含的知识内容在不同阶段的衔接。高校体育课程的衔接性不仅仅是指不同阶段内容的衔接，也是指与高中阶段体育课程内容的衔接或者是与学生原有基础的衔接。因此，高校体育课程内容的选择和内容体系的构建应建立在中学体育课程体系和学生的运动基础上，减少无效重复的内容，实现大中小学体育课程一体化改革，培养学生终身体育的意识和习惯。

### （三）科学性与实用性相结合原则

科学性是指高校体育课程内容体系的构建应以课程目标为主要依据，遵循客观规律性，满足社会发展的需要，适应学科的发展，符合学科本身知识逻辑结构。实用性原则一方面是要求在现行高校体育课程内容体系中，根据学生身心特点和知识水平来合理安排课程内容，强调课程内容的实用性和趣味性，便于学生自学和乐学；另一方面是选择对学生未来生活具有实际意义的课程内容，使学生能够快速适应社会生活，为自身的社会体育活动提供有效的帮助和指导。

### （四）统一性与灵活性相结合原则

目前本科阶段体育教学是依据 2002 年《全国普通高等学校体育课程教学指导纲要》，要求构建的高校体育课程内容体系要与课程标准的要求相统一，并且符合课程标准所制定的课程目标。因此，高校体育课程内容体系不仅要在内容设置方面与课程标准保持一致，以便体育教师执行教学；还要面向全体学生，有一个基本的要求和相对统一的标准，为体育课程设立一个比较规范的目标。当今教育发展的重要特点之一是扩大学校自主办学的权力，课程实行国家、地方、学校三级管理制度，因此高校体育课程内容体系的设计必须考虑地域环境、学校设施配备和学生身心状况、运动基础、接受能力等各方面的差异，各地各校可以自由地选择课程内容，具有灵活性的特点。只有结合统一性和灵活性进行内容体系的构建，才能最大限度地提高不同地区、不同类型学校、不同情况的所有学生身心全面发展。

### （五）继承性和发展性相结合原则

随着社会的需要、课程改革的变化，大学体育课也处在不断变化中，因此，继承性和发展性的原则是在高校体育课程内容体系构建时必须要考虑的原则之一。正如不同的社会需要和课程改革是一定历史阶段的产物，体育课程也是某一时期的产物，有的课程内容如基础的原理性知识和具有民族文化特色的技术动作等，都是优秀传统文化的传承，是亘古不变的，一直保持着继承性的特点，应该遵循继承性原则。发展性原则是指一些课程内容融入了不同风格的元素，是不断发生变化的，要根据时代和课程改革的需要而发生变化。

总之，构建高校体育课程内容体系，要进行全方位、多角度的考虑，从课程目标、学科发展的现状、学生的动机和需求等方面出发，这样才能保证课程内容的科学性、实用性、时代性、创新性。

## 四、高校体育教学的课程变迁

### （一）高校体育教学课程目标的转变

近年来，高校体育课程发展在目标上呈现出社会本位—个人本位—多元化的发展趋势。

1979 年教学大纲中提出把"从提高学生体质的角度，选择教科书应有利于全面发展身体素质和提高基本体育活动水平"作为高校体育专业的首选教学原则。由此可见，当时我国的发展迫切需要提高学生的身体素质，这些政策的出台体现出我国重视"体质体育"，将培养出符合我国需要的建设型人才，也强调出社会本位这一特征，从社会需要为出发点制定国家政策。

1992 年提出"全面锻炼学生身体，提高学生的身心健康"，由此可以看出，这时的高校体育课程偏向个人本位的价值取向，从社会本位转向个人本位，我国开始慢慢关注个人在发展中的需求，从而制定从学生角度出发的课程政策。因为以学生个人本位为目标的课程更适应当时人们的发展需求，且与社会发展也相适应。同时，在政治、经济、文化事业全面恢复和调整时期，教育也在随之改革。

进入 21 世纪以后，我国不仅重视身体的健康，而且注重人的全面发展，也更加向多元化发展，强调知识、社会和个人三位一体。在结合前两次体育课程政策的改革下，总结出适合我国实际发展所要走的道路，这样才能更好地把高校体育发展起来，以此体现它的价值。

### 1. 以社会本位为价值取向的分析

在改革开放初期，社会本位的价值取向在当时社会背景下是适宜的，更多的是站在国家利益方面考虑。

优势方面主要表现为：以社会本位为价值取向的课程目标更多的是关注学生的身体素质。由于之前我国的体育课程只是片面地强调体育的工具性，只注重体育知识和技术的传授，导致学生体质急剧下降。因此，我国颁布的高校体育课程政策必然是应优先提高学生的身体素质。

不足方面主要表现为：以学生身体素质为导向的教学目标，只适合当时的发展情况，对于高校体育课程的走向是不利的。一方面，在过分强调身体素质和改善健康的前提下，允许学生机械地学习物理知识和运动技能，这样只是达到了片面的教学效果，而没有真正关注学生学习体育课程的兴趣和爱好以及在体育课程学习过程中的内心活动和端正态度的养成；另一方面，在以"体质"为目标的前提下，过分关注体育课程对身体素质的功能性与作用性，从而忽视了体育不仅能够锻炼学生的身体素质，同样也影响着其他方面的养成，如德育、智育、美育等，在一定程度上也影响社会和人的全面发展。

因此，在我国处于恢复时期，体质体育只是过渡时期的产物，随着社会快速的发展，必然要改变课程目标以适应当时社会和人们的发展需求。

### 2. 以个人本位为价值取向的分析

随着中国继续探索高校体育课程的发展，学校教育尤为重要。在漫长的发展历程中，世界各国都在争相发展，所以我国也必须提高综合国力以适应当前形势的发展。

优势方面主要表现为：中国在这一时期颁布的指导方针考虑到了学生的年龄和性别特点，以及该地区的地理和气候等条件，并制定了适宜这一时期大学水平的体育课程。这些做法逐渐体现出个人本位的价值取向，这一目标对学生的培养也奠定了一定的基础，根据学生的需求来制定课程，以学生为个人本位的价值取向日渐凸显。

不足方面主要表现为：高校体育课程政策的颁布一方面限制了学生多样性的选择，为了使学生按照学校提供的课程进行学习，只能限制学生的兴趣发展；另一方面，课程的目标缺乏递进性，没有区分大学生与中学生的指导思想，缺乏针对性，使学生的兴趣没有得到更好的发展。

因此，人本主义的价值取向依然不能适应飞速发展的时代，在前进的步伐中仍然需要探索与改革。

### 3. 以多元化为价值取向的分析

进入 21 世纪的今天，我国的综合国力迅速提升，各方面都走向世界前列。教育发展到现在，我国也已经慢慢摸索出了适合我国国情的道路，所以，2002 年国家教育部再次颁布了有关高校体育课程的纲要。

优势方面主要表现为：其一，强调人的主体地位，学生是一个完整的、独立的人，健康不仅是身体的健康，它还包括心理健康和社会适应这两方面。身体健康和心理健康密切相关，只有身体和心理都健康，个体才能上升到社会适应层次，所以，我国开始朝着多元化方向发展；其二，在国际市场竞争激烈的背景下，人才的综合实力才是国家竞争的核心内容，培养全面发展的人才是大势所趋，也是个体能够胜任新时代发展变化所必须具有的能力，每个人都应充分发挥主观能动性和创造性，为社会做贡献，实现和成就人生价值；其三，重新定义高校体育课程的功能，认识高校体育课程的价值，深入挖掘和实现高校体育课程对学生的积极作用。体育课程不仅仅是为了提高学生的身体素质，更提高了学生的社交适应能力，这是其他课程无法达到的高度。

不足方面主要表现为：要考虑我国社会生产力；从学生个人角度出发不能为学生提供良好的基础。

因此，高校体育教学不再单方面以课程目标为重点，而是走向全面发展以达到适应社会的目的，这是一次大的跨越，也是时代的进步。

### （二）高校体育教学课程重心的转变

高校体育课程发展的重心呈现出从注重"三基"到提倡终身体育思想的发展方向。明确规定了高校体育教学的基本任务之一是"使学生能够在学校掌握基本的知识与技能，学会调节心理健康与社会发展相适应，以达到身心的健康发展"。1979 年"教学大纲"规定的教材主要是体育基础理论知识和卫生知识，以及田径、体操、球类、武术、比赛等体育项目，规定其评估内容是对学生的体育运动技能及其基本理论知识的检查。由此可见，大学的体育政策更侧重于学生对"三基"的认识。但是，在强调课程结果的同时忽略了在课程过程中学生对知识的理解和运用是否到位。

因此，强调"三基"教学也已经不能适应社会发展需求，而终身体育概念提出后被广泛关注，从而成为新的课程重心。

2002 年把实现"加强体质、改善健康、提高身体素质"作为学生的必修课。由此可以看出，提高体育文化素养成为主要目标，它不仅要以知识技能为根本，还要以身体、心理为素养的终身体育的主导思想为主，它不仅突出了体育的功能，还突出了体育的文化品质。从重视"三基"教学模式到关注生物学"三基"，逐渐转变为关注终身体育所需的心理和社会适应。

### 1. 强调"三基"的分析

改革开放后，中国在很长一段时间依旧强调基础理论、基本知识和基本技能带来的身体素质效应，把体育看成是简单的提高身体素质的工具。

优势方面主要表现为：中华人民共和国成立初期，学生体质下降，国家正在努力提高学生的身体素质。在当时的背景下强调"三基"，可以有效地提高学生锻炼身体的意识。

不足方面主要表现为：一方面，当时国家制定的高校体育课程政策对体育功能认识不足，除了体能的发展外，弱化了体育促进学生的心理健康、提高他们的社会适应能力的功能，忽视了体育功能的多样性；另一方面，单一强调"三基"，极大地限制了学生的全面发展。在制定政策时，我国从课程目标、课程内容和课程评价等方面都未能摆脱"三基"的影响，学生没有得到充分发展，势必会对社会发展造成一定的障碍。

### 2. 提倡终身教育的分析

当今社会日益发展，人们的思想观念也在不断发生变化。过去只注重学生的体质和体能的思想，已经不能满足当前社会下人们的需求了，因此，便提出了终身教育思想。

优势方面主要表现为：首先，随着终身体育思想传播开来，高校体育领域不断扩大，不再只是重视学生的体质问题。从重视"三基"的教学模式发展到既要重视生物学领域的"三基"，又要重视终身体育所要求的心理和社会适应两方面的素养养成，只有这样才能使高校体育功能呈现多样化，才能培养适应社会发展新要求的人才；其次，政策提到提高体育文化素养已成为主要目标，它不仅是以知识技能为根本，还要将关注终身体育的身心素养作为主导思想，这样不仅突出体育功能和体育文化素质，同时还以教育人为最高指导思想，突出了体育课程文化素养；最后，基于运动的课程正在朝着终身体育的理念发展，可以说，终身体育的发展是非常有意义的，也不断对其进行了新的诠释。为了改变过去的旧观念，学生不仅要有良好的体质，还要有积极锻炼的意识，二者相统一，才能更好地体现终身体育的思想。高校体育课程打破了旧的思想观念，提出不应只局限于学生目前的状况，还应把视野放到更长远的未来，在培养学生运动意识的基础上，注重学生的情感体验与个性发展。结果固然重要，但过程是结果的必经阶段。在过程中，学生更能了解自身的情况，根据自身的需求，选择相应的课程，并能将终身体育的思想贯穿其中，让学生充分发展成一个完整的、独立的人。政策还提出体育教学要从课程性质、课程目标、课程结构、课程内容、教学方法和课程评价等方面进行，这也体现了应倡导终身体育素养的指导思想。

不足方面主要表现为：虽然提倡终身教育对教育的发展是有利的，但仍存在着一些不足，在国家大力推崇终身教育的同时，学校已不再是唯一的受教育场所，多样的受教育渠道应运而生，而学生在学习阶段还不能正确地识别不同渠道的学习是否对自己有利。

**（三）高校体育教学课程取向的转变**

1979 年的"教学大纲"为高校体育课程必修课提供了统一规定。规定体育课程基础教材包括体育基础理论知识、健康知识，以及体操、球类运动、武术比赛等体育项目。当时的高校体育课程政策主要是分学科性质的体育教学，只是机械化地学习国家规定的课程，内容单一，对学生的主观性没有太大的发挥。

课程目标分为适合大多数学生确定的基本目标，以及一些学习力量和空闲能力，大多数学生可以通过辛勤工作实现发展目标。在教师的指导下，学生应该有选择课程内容的自由，并且可以选择自己的教师以及自己的时间。由此纲要可以看出，这一时期，国家把学生放在了主体地位，开始逐渐从学生需求出发，尊重学生的意愿，使学生进行自主选择，此时高校体育教学课程转向从学科本位到个人全面的发展。

**1. 学科本位的分析**

学科本位思想根深蒂固，不可能在短时间内改变。以学科为中心的课程理论强调学科知识的基础，可见，对我国高校体育课程的直接影响主要集中在传授基础理论、基础知识和基本技能上。其中，基本功的定位是导向，其影响更为深远。

优势方面主要表现为：重视学科性标准的价值取向是学科的重要性，学科优先，能形成完整的学科体系。学科知识丰富，可通过指定科目让学生学习文化知识，以此来为我国的发展培养后备人才。

不足方面主要表现为：在课程内容上，教师是知识的传授者，使学生被动地接受知识。在整个教学过程中，教师掌握整个教学过程，学生只有机械的学习和吸收；在课程实施方面，教师仍然是中心，学生被动接受知识，失去学习的主动性，学生的创新型思维和创造型能力也被压制；在课程评估中，只考查学生的技能和技术，忽视了学生在其他方面的表现。

**2. 个人全面发展的分析**

学术规范对当时的历史背景和发展形势起到了积极的推动作用，但随着时代的进步和科学技术的发展，学科本位已经不能很好地起到引领作用了，以人为本的思想逐渐替代了学科本位。

优势方面主要表现为：个人全面发展的指导思想就是以人为本，教学主体由教师转向学生，以学生为主体，教师为主导的核心理念受到推崇。学生是学习的主体，是具有独立思维与能力的个体，无论在知识的获得还是技术、技能的掌握方面，教师都无法代替学生，也不能直接灌输知识，应该由学生主动设立问题，然后在教师的引导下去解决问题。

因此，在设置高校体育课程时，学校应该重视学生的兴趣爱好和年龄特征，培养学生的主动性和创造性，尊重学生在课程中选择课程的能力和完成能力；正确对待学生在学习过程中的个体差异，根据学生的特点，制定符合学生个体发展的教学内容，并且鼓励学生积极参与学习过程，体验学习的乐趣，这样才能培养创新型综合性人才。通过这样培养出的人才不仅身体健康，在心理承受能力和社会适应方面也能得到很好的锻炼，使其能够全面发展，也比较符合当今时代的主题。

不足方面主要表现为：在社会飞速发展的今天，人才的培养已是国家所需，也是时代所需，但在个人全面发展阶段和社会多元化趋势的影响下，培养教师数量和质量上是否能够跟得上社会发展速度？我们只提倡学生的全面发展，而忽视了教师作为主导力量同样也需要全面发展并跟上时代步伐，所以，优秀教师的缺乏也是我们面临的主要问题。

# 第二节　高校体育课程内容的构建举例

## 一、高校公共体育健美操课程

以高校公共体育健美操课程为例，其课程内容体系如图 2-1 所示。

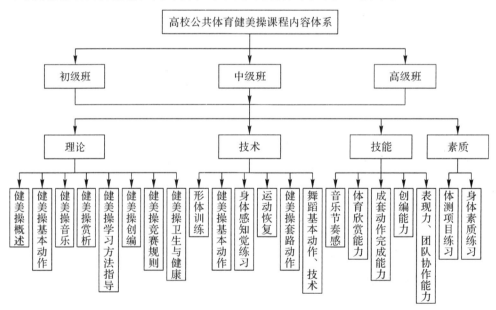

**图 2-1　高校公共体育健美操课程内容体系**

### （一）公共体育健美操课程理论内容

通过理论知识的学习，学生能够拓展体育知识视野，掌握体育与健康的知识和方法，从而理解体育的本质，提高身体锻炼的科学方法和终身体育学习的能力。实践活动的开展也需要大量理论知识的支撑，二者相辅相成，不可分割。理论知识是高校公共体育健美操课程内容组成的一个重要部分，只有通过健美操课程理论知识的学习，学生的认知能力得以提高，理论才能有效地指导实践活动。

## 1. 健美操概述

健美操概述主要是为了让学生对健美操运动形成初步的认识和了解，健美操的意义与功能在于让学生明确健美操运动对人体身心各方面所起到的作用和积极影响，使学生了解到健美操运动不仅有锻炼身体、增强体质等生理功能，同时具有发展个性、培养意志品质等心理功能，对健美操运动乃至体育运动形成正确的认识，增强他们的体育锻炼意识。

## 2. 健美操的基本动作

在经济、科学迅速发展的 21 世纪，知识总量呈现"大爆炸"的状态，知识的更新速度加快，旧的知识也正在被一步步淘汰。但是技术性、应用性的知识与基础性、原理性知识两者的增加和被淘汰的速度是不同的，前者增加较快，淘汰也较快，我们称之为"短半衰期"知识；而后者增加较慢，淘汰也较慢，称之为"长半衰期"知识。长半衰期知识不仅是接受短半衰期知识的前提，也是学生学习新知识的基础。基本动作是学习健美操的基础，健美操成套动作是由基本动作连接而成，与之相应的理论知识也属于基础性知识，它们既难以改变又能在实践课中帮助学生快速理解并记忆教师所授内容，因此，学生首先需要掌握健美操运动的基础性、原理性知识，从而为今后的健美操学习奠定基础。

## 3. 健美操的音乐

音乐是健美操的灵魂，在健美操教学和比赛中，音乐贯穿始终，是健美操必不可缺的重要组成部分：音乐基础知识的教学是健美操课程中不可缺少的一项内容，它既能调动学生积极性、活跃课堂气氛，又能提高学生的肢体表达能力，增强健美操动作的艺术性和观赏性，也有助于学生合理掌握"力"的运用，达到准确记忆并自如地完成动作的目的。在比赛中，动作的展示都伴随着音乐，并与音乐的节奏、旋律协调一致，成为一个和谐完美的整体，同时裁判也会对参赛者在音乐伴奏中出现的漏拍、错拍等行为进行相应扣分，这正体现了音乐与健美操之间的密切联系，也凸显了音乐在健美操中的重要作用。

## 4. 健美操赏析

健美操发展至今，已经形成众多风格形式，融合了舞蹈、武术、搏击运动等多种动作元素和中国风、嘻哈、摇滚、民乐等多种音乐元素。但多数大学生仍然持有"健美操像阿姨们跳的广场舞"、男生持有"健美操只属于女生"的刻板印象，因此，通过不同风格形式的健美操、音乐赏析和特点介绍，将丰富多样的健美操形式通过多种途径展现给学生，改变学生的固有印象，给学生形成视觉上的冲击与听觉上的享受，使其耳目一新。同时通过健美操赏析既在很大程度上调动了学生的学习积极性，也能够切实有效地提高学生的审美情趣。

**5. 健美操竞赛规则**

健美操竞赛规则的目的是使比赛更加规范，并进一步促进健美操运动的开展。作为体育专业健美操专项的学生必须详细地了解健美操竞赛规范，但是公共体育健美操课程内容体系实施对象是大学生，因此，我们可以对这部分内容进行删减，通过向他们介绍现行的健美操竞赛规则的评分内容与标准，使他们了解影响比赛得失分的因素，促使他们在技术动作练习中注重自己动作的规范性，也能让他们更为专业地欣赏与评价健美操比赛，从"看热闹"转变为"看门道"。

**6. 健美操创编**

完成健美操的完美创编，必须遵循其创编原则，在掌握动作特点和规律以及一定动作储备的基础上，把零散的基础动作组织创造成完整的健美操套路动作的过程。随着知识更新周期的缩短和淘汰速度的加快，为适应未来社会的发展，学生必须在有限的大学期间内掌握大量未来工作实践可能需要的知识，习得终身学习、自学和创新能力。因此，现代教育要求教师在教学过程中不仅要让学生掌握知识，让他们"学会"，更重要的是让他们"会学"，让学生理解知识、技能发生发展的过程。"授之以鱼"不如"授之以渔"，单纯的动作教学远不能满足学生的需求，掌握健美操创编的基础原理与方法，提高学生创编能力是学生运用健美操技术的体现，因而创编是健美操教学的重要内容。

**7. 健美操的卫生与健康**

健美操的卫生与健康包括健美操的科学锻炼方法、健美操的常见运动损伤与预防方法、健美操运动负荷的选择和自我监测方法。"健康"成为一个热词，这不仅仅与国家政策的推动有关，更是反映出人们对健康问题越来越关注的社会现象。健美操课程内容中融入卫生与健康知识后，更加重视培养学生的健康意识和终身体育观念，提高学生的健美操运动参与度。学生通过对这部分内容的学习，不仅能够强身健体、掌握科学的健身方法，还能够运用相关理论知识对自身的健康进行评定，并依据自身体质情况，选择合适的运动负荷，同时在运动时对身体状态进行自我监测，实现科学锻炼的目的。

**8. 健美操的学法指导**

此处设置的健美操课程与传统课程相比，增加了培养学生能力的实践内容，即指在看重运动技术内容的同时，也要重视健美操学习方法教学。学法指导是指引导学生习得知识、培养能力、实现学习目的的手段、途径和方式等，其具体内容可以分为以下三项：一是学习方法的示范，即教师亲自示范科学的学法；二是学习过程的指点，即指教师将"教"转变为引导学生"学"的过程，实现学生从感知到应用；三是学习规律的揭示，即在教师的指导下，学生可以进行自主学习。简言之，健美操学习方法的本质是培养学生形成终身体育能力的过程，这一过程是将健美操教学从"重结果"转变为"重过程"。

健美操理论课内容的制定是为了让学生全面了解健美操运动，提高学生对理论知识的掌握，帮助学生运用健美操知识指导实践锻炼活动。

**（二）公共体育健美操课程的技术内容**

技术内容作为体育课程内容中的主体，是实现课程目标的最基本要求。

**1. 塑造形体，培养姿态**

健美操属于肢体表演项目，形体训练不仅能够塑造形体，帮助练习者寻找艺术美感，而且能够将人内心的情感和思想凝结为形象的肢体语言来进行表达，实现身心的高度统一。芭蕾基础训练包括"开、绷、直、立"四大要素，这与健美操的技术规格要求相一致，并积极影响着学生审美能力的培养、技术动作的规范，因此，芭蕾基础训练作为形体训练的内容对于学生的健美操学习具有非常重要的意义。经过调查，大多数学生在大学前没有任何健美操等相关运动项目的锻炼经验，身体的灵活性和协调性较差，而健美操动作是需要人体各部位动作协调配合来完成，且随着不同舞蹈风格元素的加入，对身体协调和控制等方面能力要求提高，要使动作既规范和谐，且优美流畅，没有一定的基本功是很难做到的。因此，在选择课程内容上应加入芭蕾基础训练，它分地面动作练习、把杆练习、中间练习三个部分。地面动作练习可以在学生接触复杂动作练习前，充分地活动身体各部位关节，使肌肉保持良好的血液循环；把杆练习能增强学生的肌肉控制能力，提高腿部动作的规范性和柔韧性，同时提高学生动作的韵律感；中间动作是把杆动作的发展，通过多种优美的身姿动作组合练习，进一步增强肢体控制能力和动作协调能力。

**2. 感知身体，正确控制**

实践证明，良好本体感知觉是决定学生健美操技术掌握较好的关键。学生通过正确的感知觉练习，能够深刻体会健美操姿态在标准状态下的肌肉感觉；通过自我控制、反复练习，逐渐形成正确的肌肉记忆，并养成习惯，形成正确的动力定型。建立良好的本体感觉是健美操技术教学的重要环节，运用这一练习既能培养学生良好的体态，增强动作的美观性，又加强了学生的体格，锻炼了意志，因此将身体各部位感知觉练习作为健美操课程内容是必不可少的。身体各部位感知觉练习包括头部、上肢、胸腰、下肢部位的感知练习，是通过各部位屈伸、绕环、控制练习，帮助学生更好地感知身体的各个部位在做出不同动作时的发力与姿态，从而形成良好的本体感知觉。

**3. 调理身心，重视恢复**

运动恢复的意义在于身心放松，对疲劳的身体各部位进行调理，使得学生运动后迅速恢复精力。运动恢复包括身体各部位肌肉和关节的伸展牵拉，是指将静息状态的肌肉组织进行拉伸，可以在健美操练习结束后缓解学生因乳酸堆积而出现的肌肉不适感，加快乳酸代谢，提高身体恢复速度。另外，学生进行健美操练习后，由于代谢产物的累积，可能导致部分学生，尤其是初学者由于肌纤维收缩过多且得不到完全放松，容易引起局部痉挛，故在整理活动中加入一些局部和全身的肌肉伸展牵拉练习，可以避免造成肌肉的不良反应，同时肌纤维拉长、变细可以塑造优美的肌肉线条。

### 4. 稳扎基础，把握核心

在健美操运动中，基本动作是健美操中必不可少和核心的组成部分，它包括基本姿态、基本步伐、基本手型、基本技术等内容；基本动作的熟练掌握是完成成套健美操动作的基础，各种形式的健美操组合都是在其基本动作的基础上发展变化的。在学习健美操的初期，也就是在基本动作的学习过程中，多数教师会采用一些自编或已有的基本动作组合进行教学，将零散的单个动作编排成完整的动作组合，配上合适的音乐，使学生通过基本动作组合的学习，掌握正确的动作规格，并建立良好的身体姿态及本体感觉，同时体验到体育锻炼的乐趣与健美操运动的魅力。

### 5. 循序渐进，由易到难

丰富的健美操套路动作是占据学生健美操学习内容最多也是最主要的一部分，根据学生的实际情况以及学校的实际条件选学成套健美操或学习教师自编的健美操，能够达到让学生掌握不同形式健美操套路的目的。健美操基础套路多以 32 拍为单元进行动作编排，遵循左右对称的原则，平衡发展人体协调性，且动作符合体操动作规格，强调规范性，时尚元素较少，简单易学。《全国健美操大众锻炼标准》是由国家体育总局推出的一系列套路规定动作，因其动作科学、注重有氧锻炼的原则、动作连接流畅，深受师生的好评，各高校都将其列为健美操课程的主要内容。系列校园青春健身操、2017 全国校园健身操规定套路、2017 全国校园踏板操规定套路等都属于健身性健美操范畴，对学生形成正确的动作规范具有重要作用，也是全国全民健身操舞大赛等大型健美操赛事都设置的普通院校组比赛套路，具有广泛性和代表性。

### 6. 改革创新，跟随时代

随着健美操项目多方面研究的日益深入以及全民健身需求的不断提升，在原有的健身操基础上不断衍生了各种各样的健身形式，例如，结合了拉丁舞蹈动作的拉丁健身操，热情四射的拉丁音乐，将拉丁舞的美感与健身的力量结合，充分展现了拉丁舞奔放热烈的特点；街舞健身操在街舞的音乐、动作符合健美操规范的基础上，动作更加轻松随意自由，与那种中规中矩的操化动作相比，更强调个体性格和活力的展现；搏击健身操以空手道、跆拳道、拳击等搏击运动为基础融合健美操基本动作，伴随有力的旋律，形成独具风格的别样健身方式。时尚健身操是健美操与多元艺术要素的融合，兼具健身性、观赏性与娱乐性，它的加入不仅丰富了公共体育健美操课程内容，让学生的选择范围变得更广，满足了学生求新、求美、求特色的需求，培养了他们的想象力和审美情趣，其倡导的休闲、健身、自娱自乐的理念也能让人们在繁忙的学习工作之余放松身心，释放不良情绪。同时因为时尚健身操的动作形式多样化，节奏可快可慢，强度也可大可小，适合各种人进行练习，并且都能从中得到乐趣。而时下健身房较为流行的有氧瑜伽、普拉提、尊巴、莱美健身操可作为补充和辅助内容，这样既满足了学生当下的要求，又使得课程内容跟上社会潮流，满足学生未来生活的发展需求，使其在大学体育课程结束之后能直接参与社会体育活动，与社会接轨。

### 7. 继承传统，与时俱进

2014 年，教育部印发的《完善中华优秀传统文化教育指导纲要》中提到，中华民族传统文化的教育对培养学生良好的思想道德和行为习惯具有积极作用，是落实立德树人根本任务的基础，因此要在课程建设和课程标准修订中增加中华优秀传统文化内容。民族健身操以回族、维吾尔族、苗族、藏族、傣族等 20 多个民族中典型的舞蹈、音乐等特色元素作为动作素材，将民族舞蹈的柔美与健美操的力度合理地结合在一起，实现了民族传统文化内容与现代健身形式的完美融合，将 2016 年《全国民族健身操规定套路》之藏族、傣族设置为公共体育健美操课程内容，一方面考虑到它是全国全民健身操舞等多个大赛中的规定套路，并且分别代表了南、北方民族不同的文化风格；另一方面，通过民族健身操的学习能够使学生从不同的角度感受民族文化特色，从而更加全面准确地认识中华民族的历史传统、文化积淀，对传承和弘扬中华民族传统文化具有重要作用。

### （三）公共体育健美操课程的技能内容

人的运动能力是在具备一定体育理论知识的基础上，通过实践活动中训练和培养出来的。首先，师生双方要改变观念，深刻认识到运动能力在体育课程学习中的重要性；其次，修订学校教学计划和教学大纲，改变运动技术在体育课程总课时中比重过大的现象；再次，能力与实践相辅相成，学校应当为学生提供实践机会，以此培养学生技能；最后，教师要注意教法和学法并重，营造良好的课堂气氛，实现教学相长。音乐节奏感主要体现了学生对音乐常识的掌握以及自身对音乐节奏的敏锐度。在健美操音乐中，音乐的高低、长短、强弱等节奏变化，使健美操更富有律动感，这也是其他艺体融合类运动项目必须掌握的能力。体育欣赏能力是指学生在依据比赛规则的前提下能够用专业的方法、语言对某个或某段健美操动作进行正确评判，欣赏优秀的健美操比赛或表演能够提升自己的审美情趣，同时提高对自我动作规格的要求。成套动作完成能力是指从上场准备姿势开始至中间动作的演练一直到动作结束造型，学生将这一过程能够完整、流畅地完成的能力，学生只有具备了这项能力才能称得上是掌握了健美操运动的基本能力。创编能力综合体现了学生在技术动作、音乐、知识等方面的运用能力，它包括单个动作、开始和结束造型、队形创编，对发展学生的团结合作和创新能力具有重要作用。教学展示和竞赛内容可以是班内或班与班之间的自我展示、小组展示，也可以是学校举办的不同规格的竞赛。这些不仅能够发展学生的身体表现力和团队协作能力，提升学生的自信心和社交能力，也能通过赛事培养学生良好的体育道德，从而使其正确地处理竞争与合作的关系。

**（四）公共体育健美操课程的素质内容**

2017 年中共中央、国务院印发的《中长期青年发展规划（2016—2025 年）》指出，目前亟须解决的问题：青年体质健康水平亟待提高以及部分青年心理健康问题日益凸显，要求学校严格执行《国家学生体质健康标准》，在学校教育中强化体质健康指标的硬约束。同时，良好的身体素质是学生完成健美操技术动作甚至完美呈现动作的必要前提，也是提高生活质量、创造健康生活的生理基础。体育健美操课程内容体系中的身体素质训练主要包括一般身体素质练习（体测项目练习）、身体协调性练习、力量素质训练、柔韧素质训练、耐力素质训练。初级班主要发展学生身体的协调性，并采用一般身体素质训练方法（主要是一般柔韧素质和基础力量训练），全面发展学生体能，提升身体健康水平；在中级班和高级班集中发展学生的专项柔韧、耐力和力量素质，为学生更好地学习专项技术做好身体准备；同时依据国家学生体质测试的要求，将体测项目练习作为一般身体素质练习内容贯穿初、中、高级班三个层次。素质内容的增加不仅是为了增强体质、增进健康，更是为了将正确的身体锻炼方法和原理传授给学生，使学生从"我在练"转变为"我会练"，从而将从课堂上习得的知识和方法应用于课下自我锻炼或指导他人，提高学生自学自练的能力。

**（五）普通高校本科公共体育健美操课程内容的组织**

课程内容的组织，要根据学校体育课程目标进行适当安排，既要体现部分内容的知识框架，也要依据学生的身心发展和学习规律。只有当各种课程内容分配合理、主次得当、满足学生身心发展和学习的需要时，课程内容体系才能够平稳发展。

这里构建的普通高校本科公共体育健美操课程内容体系不限于何种教学模式，也不要求学校连续开设三个学期的健美操课程，其主要针对多次重复选择健美操课程或有意深入接触健美操运动的学生，学生可以根据自身认知、技术与技能发展的水平来选择某个阶段的课程内容进行学习，教师可以根据学校实际条件与学生的不同发展阶段来挑选合适的课程内容。

初级班为接触了解阶段。本阶段的教学对象主要分为三种：第一种，刚刚进入大学第一次选择健美操课程的学生；第二种，基础不好或成绩不达标再次选择的学生；第三种，学校开设的体育基础课中包含健美操内容规定学习的学生。这三种学生有一个共同点：基础薄弱，大部分在入学前没有接触过健美操运动。如何提高他们的锻炼兴趣，使他们对健美操课程产生认同在这个阶段尤为重要，特别是重复选择的学生，更要注意调动他们的积极性。初级班技术内容运用形体训练、身体感知觉练习、运动恢复，使他们能够充分地感受自己身体各个部位的发力，从而有效地控制自己的肢体动作；基本动作与动作组合是学习健美操套路的基础，内容简单，易于掌握，适合初学者学习，是学生正确认识、了解和掌握健美操运动的起点，也是为下一阶段创编能力的发展积累素材；教师可以根据学生的基本技术掌握水平和兴趣，选择主体部分的全国健美操大众锻炼标准一级/二级或系列校园青春健身操基础套路进行学习，其音乐节拍速度稍慢或适中，动作较为简单，路线、方向变化少，时尚元素少，对学生运动基础要求低，学有余力的学生可以进行拓展部分的学习。此阶段主要着重培养学生的音乐节奏感。音乐是健美操运动的灵魂，没有对学生的节奏感进行培养，学生的动作就难以融入音乐，协调一致。增加身体协调性练习和一般柔韧、基础力量训练是为了让学生顺利通过体质测试，并为下一阶段的学习做好身体准备。与此同时，将健美操理论内容与实践内容相对应，使学生初步了解健美操运动，明白其对人体的重要意义，同时通过观赏大量的比赛视频等材料，激发学生学习的兴趣。

中级班是动作形成阶段，是在初级班的基础上建立的，既要巩固基础内容，又要发展学生的专项能力。技术内容不仅要进行基本动作组合的练习，使学生恢复动作记忆，并熟练掌握，而且选择的套路动作要在初级班的基础上增加难度，提高学生的健美操技术，且中级班可选择的套路动作较初级班更为丰富，学生的选择范围更大。技能方面注重提高学生的体育欣赏能力、成套动作完成能力与创编能力，在欣赏健美操比赛的基础上教会学生正确地评判运动员的动作，提高自己的审美品位，同时建立标准来规范自己的动作，顺利地完成成套动作，并通过前一阶段的动作储备和这一阶段的材料观赏与收集，让学生简单地创编单个动作或造型以及套路前空拍的动作，增强学生的创新意识。此阶段技术内容难度增加，需要进行学法指导，让他们掌握正确的学习方法，获得成功的体验，从而维持参与健美操运动的兴趣，甚至是体育锻炼的兴趣；因发展学生体育欣赏能力和创编能力的需要，向学生介绍健美操竞赛规则和健美操创编的指导思想、原则与方法。此阶段要注意发展学生的专项身体素质，为本阶段熟练掌握健美操基本技术、技能和下一阶段提高学生技术能力奠定坚实的身体基础。

高级班为最后一阶段的学习，属于巩固提高阶段。本阶段的内容要与社会体育进行衔接，满足学生未来生活要求。本阶段的技术内容主要学习某类舞蹈的基本动作与技术和套路动作，套路动作的难度是在中级班的基础上增加的，音乐节奏较快，路线、方向变化多，融入的时尚元素多，对学生的基础具有较高的要求，同时拓展部分包括了搏击、爵士、街舞、拉丁等风格的健身操以及民族健身操，符合社会发展和学生追求时尚的需求。同时通过学习，进行健美操的组合动作和队形创编，激发学生的创编潜能；通过创设不同的情境培养学生的表现力和团队协作意识。对时尚健身操和民族舞蹈的赏析以及不同风格健美操音乐的特点介绍，为学生打开了新世界的大门，使他们能够领略健美操运动的魅力；关注健美操运动卫生与健康，使学生学习并掌握科学的锻炼方法、常见运动的损伤预防方法以及运动负荷的选择与监测，是学生形成健康生活方式的前提。

## 二、高校体育户外运动课程内容

### （一）户外运动课程概念

户外运动课程不同于以往的体育课程，它虽然也是体育课程的一种，但属于现代新兴的体育运动方式。由于户外运动课程在每个国家的发展历程不同，各个国家国情也不尽相同，因而每个国家对于户外运动教育课程的重视程度和开设目的也各有不相同。各个国家对户外运动教育课程界定也各有不同，有的学者从户外运动教育课程的教育性去定义，有的学者从户外运动的课程内容去定义。总之，关于户外运动教育课程的定义众说纷纭，但较为统一的说法是：户外运动课程是在户外进行的，以户外运动的理论知识和运动技能为教学内容，以提高学生身体素质和心理素质为教学目的的体育课教学内容的总和。

依据以上有关户外运动课程界定，本书将户外运动课程定义为：立足于基本国情，结合我国当前课程改革的进程，以户外自然环境为活动场所，以学生身体活动为基本手段，以特定的户外运动知识和户外运动技能为教学内容，根据学生实际情况而制定的，有利于促进学生身体健康、提高运动技能水平、培养良好的运动习惯，帮助学生树立正确价值观为根本目的的教育内容总和。

### （二）高校户外运动课程内容

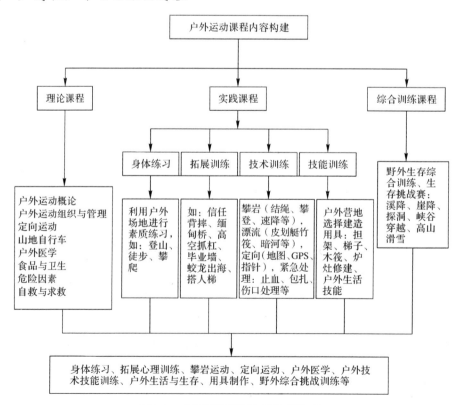

**图 2-2　户外运动课程内容体系构建**

户外运动课程内容体系如图 2-2 所示，主要由理论课程、实践课程和综合课程三部分构成。理论课程包括户外运动概论、户外运动组织与管理、定向与攀岩运动、户外医学、户外运动食品与卫生、户外运动装备、户外自救与求救等内容；实践课程主要体现在身体、心理、技术和技能四方面的内容，而综合课程的实施是在拥有丰富的理论知识及相关的实践课程的前提下，运用综合训练、生存挑战赛的方式来检测与评定学生的户外运动技术技能水平。

### （三）开设户外运动课程的意义

#### 1. 符合课程目标的发展

学校应该充分利用学校的现有设备和自然资源开展一系列的户外体育运动，以增加学生野外的生存能力和适应能力。户外运动的主要作用如下：第一，不仅能够激发人们对生活的乐趣，让长期处于都市生活和紧张的学习环境下的学生感受到大自然的美，还可以消除他们的疲劳，使他们以饱满的精神投入学习。第二，开阔人们的思维方式和视野。长期在一个环境中学习，人们的思维也时常被限制，对事物的认识总是按照生活习惯或思维惯性进行，这严重阻碍了人们思维的发展和开拓精神的实现。通过参加户外体育运动，学生在享受自然环境美的同时，还可以在自然中发现一些独特的可以让其不断思考和开阔思维的事物。第三，通过参加户外体育运动，可以进行团体协作和交流配合的运动，增加学生与人交往的能力，在与人交往中，提高学生的交际能力、团队协作能力。第四，户外体育运动是一个充满挑战和激情的运动，学生在运动中会接受很多的考验和磨炼，通过不断的磨炼，他们思维和心理素质会明显提高，其抗压能力和抗击打能力也会大幅度增加。但是，由于户外运动存在很大的挑战和危险，因此，从事户外运动的人员不仅要在运动初期对他们进行各种技能的培养，还要为他们制订一个切实可行、量身定做的计划和保险。第五，开展户外体育运动，对培养大学生的野外生存和适应户外生活环境的能力非常重要。第六，在提倡全民健身和教育体制改革的现阶段，加大高校体育课程改革，推广户外体育运动非常具有实际意义，这不仅打破了传统体育教学对场地和器材的限制，还充分展现了学校将区位环境、自然气象与体育教学充分结合，对学生的健康发展和心理素质的提高具有很大的推动作用。

#### 2. 实现高校现代化体育教学理念

随着时代的发展和教育体制的全面完善以及素质教育的全面稳步快速推进，高校体育教育不仅仅是培养一批能够在竞技体育运动中取得一定成就的人员，更要注重提高所有学生的身体和心理素质，培养一个德智体全面发展的、能够适应社会新时期需要的综合性人才。户外体育运动在高校中开展可以体现上述变革和推动体育改革不断完善，具体如下：第一，现代化体育教育培养的是综合性人才，他们不仅在某一体育项目中比较突出，还能适应社会的发展和快速的生活节奏。由于户外运动是一个综合性的体育项目，不仅涉跑、跳及耐力训练，而且能把上述多种训练结合到一起，让学生在快乐中、在自然世界中感受自然美，提高竞技能力。第二，现在体育体制改革注重人性化管理和个性化培养，户外运动就可以达到上述目的。户外运动的形式多样，如登山、攀岩、素质拓展、溯溪、定向越野、徒步等项目，这些形式多样的活动可以为学生提供多种选择，让他们根据自己的兴趣爱好选择户外体育运动。第三，体育体制改革的目的是吸引更多的学生参加体育运动，促进人的全面发展。由于户外运动不仅仅可以锻炼身体，而且其运动的过程及环境都是无法预知和没有确定性的，这就给参与的学生带来了巨大的吸引力，能够让学生把更多的精力投入体育运动中。第四，体育教育制度的改革是为了提高学生的综合能力，让其在德智体方面全面发展，能够适应团队协作。由于户外运动是一个综合性的团队协作运动，不仅仅需要学生个体具有一定的能力，还需要他们之间相互交流与合作，根据团队的发展和成员情况制订适合团队的计划，在团队成员不断交流和协作中完成任务。这不仅仅培养了学生团队协作的能力，还提高了他们的交际能力和团队责任感。总之，户外体育运动开展对高校实行现代化体育制度具有重要的意义。

### （四）高校户外运动教学体系构建

#### 1. 高校户外运动教学体系构建的可行性与必要性

（1）可行性。高校的地理位置普遍具有一定的优越性，校园周边自然资源丰富，这为高校户外运动课程体系的建设奠定了基础。在教育教学过程中，高校可适当开发自然资源，增设户外体育教学项目，逐步推动户外运动在高校的普及。除自然资源优越外，高校在师资、技术、经验等方面也具有优势。高校具有专业的体育教师，教学人员有丰富的教学经验，高校拥有种类齐备的教学器材以及场地等，能为学生提供一个相对理想的体育训练环境。在推进户外运动教学体系构建的过程中，高校还可与相关的俱乐部合作，共同建立人才培养模式，进一步壮大师资力量，提高教育教学水平。在安全问题方面，教育部已经出台了相关规范标准，高校可根据自身实际情况，以《高校户外运动课程安全教育与安全保障体系构建》为依据来构建安全保障体系，建立健全包括户外运动法则、户外运动安全教育、户外运动应激救护、户外运动监督预警等在内的安全体系，有效规避户外运动安全风险，为户外运动教学工作的开展奠定良好基础。

（2）必要性。培养户外运动专业人才是保障我国户外运动科学、健康、持续发展的基础。当前，高校将户外运动融入整个体育教学体系，对学生、社会以及国家具有重要意义。相较于传统的运动训练项目，户外运动融合了更多的知识与技能，能有效培养学生的能力与素质，促进大学生身体素质、心理素质的提高，以及其他优良品质的提升与发展。在高校开展户外运动教学，可以为学校、国家培养出从事户外运动教学、实践、训练，或进行户外科研的人才。

校内体育运动比赛项目较少且比较固定，但在增设户外运动后，比赛项目将会增多。

除了田径等传统赛事外，溪降、攀岩、峡谷穿越、户外越野以及漂流等都将进入学生的选择范围。学生的比赛选择更加多样化，进行体育锻炼与比赛的兴趣也更为浓厚，同时也能从体育锻炼以及比赛中学到更多知识与技能。

开展户外运动有利于满足学生学习发展的需求。在高校体育教学中，学生是主体，学生的需要对体育教学体系的构建、体育课程的完成具有重要作用。而当代大学生的体育需求是多样的，他们不仅希望能掌握传统、常规体育项目的技能，还希望掌握更多的户外运动技能，因此将户外运动融入高校体育教学体系，在高校建设户外运动教学体系有利于满足学生学习与发展需求，有利于促进大学生能力素质的综合发展。大部分大学生对户外越野、真人 CS、峡谷穿越等户外运动十分感兴趣，学校在尊重学生的兴趣，以学生的实际需求基础上开展户外运动课程，是推动高校体育教学发展的重要措施。

**2. 高校拓展训练户外运动教学体系构建要点**

（1）把握科学性原则。在选择户外运动内容时，应当把握科学性原则。科学性原则是高校户外运动课程内容体系构建的关键性原则。户外运动课程内容的构建必须符合教学大纲要求和教学活动规律，在构建户外运动教学体系时，须准确把握体育教学的目标、要求与发展方向，结合学生学习成长需求合理选择户外运动课程内容，确保选择的教学内容既与课程自身的规律相符，又与大学生的身心特征相符，有效满足大学生学习发展要求。

（2）确保学生身心安全。相较于普通的体育教学活动，户外体育具有一定的特殊性、风险性，在运动项目开展过程中，天气、地形地势等均有可能对大学生的人身安全造成威胁。因此，在选择户外运动内容，构建户外运动课程体系时还需要把握安全性原则。高校开展户外运动教学的主要目的是增强学生身体素质、锻炼学生意志品质、促进学生能力素质综合发展。而实现以上教学目标的前提在于保障学生身心安全。为此，高校要将安全保障体系纳入户外运动教学体系之中，要有效识别、预见与防范户外运动中的各类潜在风险，尽可能减少或避免安全问题的发生，确保学生身心不受损害。在教育教学过程中，户外运动课程的任课教师以及相关人员应对运动风险做提前的分析与预测，并根据预测结果采取相应的防范措施，从而实现对安全风险的有效控制，实现对学生的有效保护。

（3）要满足实用性原则。户外运动课程又被称为"体验式"课程，它兼具体育锻炼与休闲娱乐两种属性，因此从性质上来讲，户外运动有别于高校的体育运动课程。因此，高校一定要根据实用性原则构建户外运动教学体系，让户外运动的功能作用得到充分发挥。具体来说，在推进户外体育教学体系构建过程中，应当从户外体育项目所蕴含的知识性、技术性、思想性等多方面考虑，确保选择的户外体育运动项目既有利于学生身体素质提升、体育技能发展，又有利于学生知识视域拓宽、逻辑思维发展，还有利于学生心理素质的增强。高校的户外体育课程要让学生能学到更多的户外技巧，能更好地走进社会、融入社会。

（4）户外运动教学要不断发展。教育在不断发展变化，高校在构建户外运动教学体系时，也应当确保课程的发展性，要能结合实际情况不断更新标准与内容，不断优化技术与方法，要确保课程能有效满足学生的学习发展需求。作为高校体育教学体系中的重要组成部分，户外运动不能一直局限于传统的拓展训练以及简单的登山、露营等项目，须不断在内容、形式等方面发展创新，适当组织开展一些挑战性较大的体育运动项目，不断促进户外运动教学体系健全完善。

**3. 高校户外运动教学体系构建策略**

（1）完善户外运动课程体系。①增加课程开设、合理安排课时。户外运动教育课程对于解决我国当前大学生的体质和健康问题有着极其重要的作用，其中，户外运动教育课程的开设情况以及课时的安排对户外运动教育课程的影响极大。为此，户外运动教育课程须从实际出发，促进户外运动教育课程的发展与推广，将户外运动课程引入各个高校，且主要以必修课的形式开展，为广大学生接触户外运动教育课程提供机会和平台；同时，必须增加户外运动教育课程的种类，让学生能够更深入和全面地了解户外运动教育课程，挖掘出户外运动教育课程的潜在价值；此外，适当地增加体育课的课时，并依据学生的实际情况，合理地分配课时。②制定科学合理的课程教学目标。户外运动教育课程目标是户外运动教育课程的核心要素，各高校对于户外运动教育课程的课程目标设置都比较有针对性，根据课程形式和授课对象的实际情况来制订相应的课程目标，较为科学和完善，但其实际课程目标达成情况并不理想。因此，各高校应当从课程目标的实施者、实施过程以及实施方法和课程学生等几方面去找寻课程目标达成不理想的原因，进而提高课程实施者的专业素养、完善实施方法、提高课堂效率，以提高户外运动教育课程目标的达成率。③科学地选择教材和课程内容。体育课程内容选择的最终目的是为了实现体育课程目标的要求，各高校应当系统地安排户外运动教育课程的内容，注重课程内容的延伸性和明确性，确保学生可以全面地、深入地掌握户外运动教育课程的相关知识。④建立多元化的户外运动教育课程评价主体及评价内容。其一，丰富户外运动教育课程的评价主体，仅靠学生和教师的评价，只能对课堂上的教学情况做一个即时的反馈，而户外运动教育课程对学生其他方面的影响，却无法评估，因此，户外运动教育课程的评价主体应当延伸至家庭、社会等方面，将社会力量引入户外运动教学评价体系中去，充分利用社会各界的力量去监督和完善户外运动教育课程的评价体系。其二，完善户外教育课程评价内容，学生是多元化的，因此户外运动教育课程评价内容也应多元化，要综合考虑学生对理论知识、运动技能的掌握情况，关注学生的身体和心理发展情况，将其纳入考核范围内；其三，监督和落实户外运动教育课程的评价实施情况，课程评价各个环节实施到位。

（2）全面提高学生对户外运动教育课程的参与度。①提高学生户外运动教育课程参与度。整体上学生对于户外运动教育课程的参与情况与其对户外运动教育课程的了解和喜欢程度呈正相关。所以要提高学生对户外运动教育课程的参与度，需要注重对学生户外运动教育课程兴趣的培养。学校可以加大户外运动教育课程对学生理论知识的教授以及兴趣方面的培养，提高学生对户外运动的认识和了解，并逐渐喜欢上这项运动，进而参与户外运动教育课程。此外，高校可以通过举办户外活动，举办户外运动知识讲座，让学生通过更多的途径接触户外运动，激发学生参与户外运动教育课程的兴趣。②提高学生户外运动教育课程竞技参与度，使课程与比赛相互促进发展。比赛对于推广和普及户外运动教育课程有着重要作用，同时，通过比赛可以促进学生户外运动技能的提高；而户外运动教育课程的发展，也可以促进比赛的开展。由此可见，户外运动比赛与户外运动教育课程相辅相成、相互影响。为此，各高校可以联合举办赛事，既能促进学生关于户外运动的交流和沟通，又可以以此来吸引广大学生参与其中，激发学生的运动兴趣。高校的户外运动社团以及学生会等户外运动的相关校园组织，应当积极向学校有关部门申请组织比赛，以在学校的支持下开展各种赛事；学校与校外社会户外运动组织，如俱乐部、协会等合作举办一些赛事，同时与社会组织建立合作关系，为学校户外运动专业的学生提供实践机会。高校应积极组织学生去校外、省外甚至是国外参与一些大型户外运动比赛，让学生了解整个户外运动行业的现状，使学生在与外界进行比赛交流中认识到自己的不足，并学习借鉴他人的可取之处。

（3）加强师资软件力量建设，构建科学合理的教学团队。户外教师是高校户外运动教育课程的重要组成部分，户外教师的专业素质、教学水平对于户外运动教育课程的教学效果有着重要的影响。此外，教师的教学水平直接影响学生对于户外运动专业知识和运动技能的掌握情况。可见，户外教师对于高校户外运动教育课程的发展有着重要影响。为此，高校应当根据户外运动教师队伍的实际情况制订相应的户外教师培养计划，安排教龄长、经验丰富的老教师带年轻的新教师，使年轻户外教师可以在最短的时间内学习掌握户外运动教育课程的教学技能。同时，高校需要引进国内户外运动教育课程的优秀教师，并在优秀教师的带领下，组建一支高水平、高素质的专业户外教师队伍，使户外运动教育课程的教师可以及时地进行教学方面的沟通和交流，相互指出不足和借鉴对方优秀的地方，进而共同进步，提高户外运动教育课程的教师整体水平。此外，根据户外教师不同的专业情况安排相应的进修课程，弥补其不足，并丰富户外运动教师队伍的教学经验，提升他们的教学水平。

**（五）高校户外运动课程风险管理**

### 1. 加强对户外运动风险的认知

在户外运动中，大学生的学习压力可以得到有效释放，但是在户外运动过程中充满危险，很多高校大学生往往意识不到户外运动中的风险，对自身能力、知识有着极度自信，并且一部分大学生缺乏合作精神，抗压能力也较差。因此，高校应当加强学生对户外运动的认识，邀请专业的人员到学校讲解，让学生认识户外运动的危险性，转变思想观念。

### 2. 加强对高校户外运动事故的责任追究

为了保证户外运动在高校内的健康发展，应当加强高校体育安全管理工作。在户外运动之前要确定好相关教师责任，一旦出现户外安全事故，第一时间进行责任追究，提升教师的责任感，以更好地完成教学任务。

### 3. 建立安全保障制度

学生在体育教学中经常会出现一些意外，轻则出现擦伤、拉伤等，重则可能造成骨折等。在户外运动中发生严重事故的概率将急剧增加，为了有效减少在户外运动中出现各类事故，更好地保障学生的生命安全，应当制订完善的应急预案和安全保障制度。

### 4. 开展户外运动预防工作

在高校户外运动风险管理中应当事先对户外运动进行评估，分析其可能存在的风险，从而采取不同的处理方式。回避风险是指当风险概率过大或者后果严重时，采取回避措施，直接放弃或者改变户外活动计划。但是采取回避风险也存在一些劣势，首先，不能使户外活动参与者完成活动目标。其次，采取回避风险之后会付出昂贵的机会成本，高校户外活动中存在巨大的人身安全风险，要想完全避免风险，只能是取消一切户外活动，但是这样的做法也会失去户外运动中的有利一面。最后，为了避险变更或者取消计划，会产生极大的浪费。在组织户外运动中，会调动大量的资源，但是为了回避风险，导致之前的投入全部浪费。

综上所述，回避策略的实施适用于高校户外运动风险的三种情况：一是特定风险造成的损失较大，此时应当果断放弃或者改变计划；二是通过其他策略所需的成本大于产生的收益；三是损失严重并且无法获得补偿的风险。

## 第三节　高校体育教学课程中的方法及应用

### 一、合作学习法

合作学习法是指学生在小组或团队中为了完成共同的任务，有明确的责任分工的互助性学习形式。

#### （一）合作学习小组类型

合作学习小组由三种类型组成：正式的合作学习小组、非正式的合作学习小组、基于合作的小组。正式的合作学习小组是指小组进行合作学习的时间从一节课到几个星期不等；非正式的合作学习小组是指小组进行合作学习的时间从几分钟到一节课。基于合作的小组是指小组进行合作学习的时间是长期的，至少要维持一年的小组，根据组间同质、组内异质划分。

### （二）合作学习法的实施步骤

一是教学前的决策：进行教学前，要确定教学目标，决定合作小组的规模，将学生分配到各个小组，为小组成员分配角色，并将教学空间进行合理安排。二是解释任务和合作结构：向学生解释学习任务，告诉学生要做什么，怎么做；向学生解释成功的标准，建立一套标准评价学生的学习成果；在合作小组内建立积极的相互依赖、个人责任，小组内存在共同的目标，只有小组内每个成员都取得成功，自己才能获得成功；相互依赖是合作学习的核心，小组成员要保证每个人都能完成自己的学习任务，这种个人责任的建立，才能使小组内每个成员成为更强的个体；小组间建立合作，通过建立小组合作来扩大合作学习的效果。三是监控和干预：教师监控每个合作小组的学习情况，并且在小组需要时，对小组学习进行干预，帮助小组完成学习任务，达成学习目标。四是评价和审查：根据一定的标准评价学生的学习情况，也可以让团队成员进行自我评价，测试他们的学习成果，并使合作学习小组的每个成员通过合作学习反映和总结自己的学习成果。

### （三）合作学习理论基础

#### 1. 构建主义理论

构建主义理论认为，学习是一个获取经验的阶段。学生可以借助认知来学习新的知识，同时将其融入原有的知识体系中。知识学习的方法和学生原有的经验有很大的关系。在相同的学习情况下，学生学习相同的新知识，会得到不同的理解和结果。构建主义理论重新阐述了学生和教师的关系，它认为学生是知识的学生，课堂中应看重学生的地位，教师从主导地位转变为辅导地位。教师应当积极创建轻松的课堂情境，提高学生的学习动机和参与度，促使学生掌握新的知识。

学生通过交流和沟通，进一步加深对知识的理解，通过师生或生生交流，从不同层面认识并解决问题。教师积极倡导合作学习，将合作学习放置在相应的课堂中，然后进一步学习更深层次的知识，学生之间的交流冲突更有利于对知识的理解。

#### 2. 动机理论

动机是引起、维持个体行为并使行为朝某一目标进行的内在动力。美国认知教育心理学家戴维·保罗·奥苏贝尔（David Pawl Ausubel）认为，动机是促进有意义学习发生和保持的内驱力。童年期，学习动机主要来源于取得优异成绩得到家长认可；少年期，学习动机从追求家长认可逐渐转向得到同龄人的认可和赞扬；青年期，伴随认知内驱力增强，学生在情感上会强烈期盼成功，享受获得成功后的满足与愉悦。

合作学习中激发动机最有效的手段是帮助组内个体间建立"利益共同体"的关系，使小组成员之间相互尊重，荣辱与共；合作过程中得及时反馈学习进展情况和学习结果，适当运用奖励与惩罚，也有利于激发学生的学习兴趣和合作愿望，使学生的认知与情感协调发展。

### （四）合作学习构成要素

在一些课堂环境中，合作学习法被认为是一种精心设计的教学模式。事实上合作学习法有五个关键因素，即积极的相互依赖、强烈的个体责任、面对面的互动、人际关系处理能力以及小组自评。

#### 1. 必不可少的相互依赖

合作离不开依赖，合作小组为了完成共同的学习目标，小组成员之间密切联系、相互帮助、共同努力。

#### 2. 个人责任

个人责任是教师分配给学生的学习任务。教师会对学生的具体表现进行评价，这样每个学生才能知道自己对小组的存在有着不可忽视的作用。

#### 3. 面对面的互动

积极的互动是由必不可少的相互依赖产生的，是学生为了完成学习任务而付出的努力。

#### 4. 人际关系处理能力

通过学习任务来培养学生的人际交往技能和小组技能，包括倾听、分享决策、承担责任、学会给予和接收反馈、学会互相鼓励。

#### 5. 小组自评

小组自评是指小组成员对某一个学习活动的评价。学生会反思小组活动是否存在意义，反思小组活动是否能继续进行。

### （五）合作学习法的原则

#### 1. 主体性原则

所谓的学习其实就是在教师的指导下，学生有计划、有目的地接受新的知识技能。在学习的过程中，教师只是在旁仔细观察并不做详细的指导，在必要时刻才会对学生进行辅助指导。换句话来说，就是教师让学生自主安排学习，而不是一味地听从教师的具体安排，让学生在学习的过程中充分展现主体性和主动性，相互帮助、取长补短，从而促进学生共同进步。

#### 2. 全面性原则

素质教育的对象是全体学生，学生之间存在着不同的差异。素质教育要求在学生原有的基础上提高学生的能力，并全面发展学生。所谓的全面包括学生的身体、心理等方面。在教学过程中运用合作学习法一定要考虑到每个学生的具体差异，然后再进行分组学习，这样才能让学生得到全方面的进步。

### 3. 适当性原则

教师在上课前一定要做好充足的准备，不仅要提前备好教案，还要准确地了解教材和学生的个体情况。因为充足的准备可以让教师掌握学生的总体情况，这样才能有效地进行分组。在分组后，要根据学生的实际情况设定学习目标，既不能高于学生的实际水平，也不能过度地训练，每个教学环节应该紧密相扣，逐步提高学生的学业成绩。

### 4. 动态性原则

动态性原则指的是教师不能随意地将学生分组，在分组的过程中会出现不同的问题。因此教师要根据实际情况调整分组，最大限度上体现出分组的优势，以达到让学生最佳的学习状态。从其他层次上来看，教学活动具有动态性，教师在教学的过程中要根据所碰到的不同情况进行调整，做到统筹兼顾。因此，教师在教学过程中一定要正视"动态性"的特点，这样才能始终做好准备。

## （六）合作学习的基本方法

### 1. 学生小组成绩分工法

学生小组成绩分工法就是由 4 名学生组成一个学习小组，要求这 4 名学生在学习能力，性别和种族上存在差异。具体的教学步骤是教师集体讲解课程，随后学生组成合作学习小组，通过相互合作的方式进行学习；然后对全体学生进行测试，在测试的过程中，不允许他们互相帮助，学生所得分数与他们之前测试的平均分做比较，将他们超出的分数来计分，这也可以叫作提高分计分机制；最后把每个组的个人成绩相加为小组总成绩，总成绩达到教师所设定标准成绩即可获得表扬和认可。整个活动所耗费的时间通常要 3~5 个课时，这种合作学习方法就是激励学生主动参与，通过相互合作的方式来掌握知识和技能。如果学生想要获得教师的认可和表扬，他们就要通过相互合作的方式掌握学习内容。学生通过合作学习获得的成绩不是和别的同学的成绩做比较，而是和自己原来的成绩相比较，所以小组成员都有胜利的可能。

### 2. 小组—游戏—竞赛法

小组—游戏—竞赛法和学生小组成绩分工法一样，都有教师集体讲课和学生合作学习。而区别在于它用每周的比赛代替了测试，每个星期各小组之间都要进行比赛，争取让自己的小组获得胜利。例如，学生以 3 人为一小组进行比赛，比赛的对手是与自己本身学习程度相当的同学，这种竞赛法对学生来说就体现出了公平性。

### 3. 小组辅助个人法

小组辅助个人法是由 4 个不同水平的学生组成的小组，然后对成绩达标的学生加以表扬的一种方法。小组中的学生完成自己的学习任务后，会根据正确答案进行检查和批改，如果碰到困难会共同解决。然后学生就可以参加测试，此时不允许小组内的学生互相帮助，须独立完成。最后由班长进行批改和评分，教师每个星期都要记录学生完成测试的成绩以及超过标准分学生的姓名和人数，哪个小组的达标成绩较多就奖励哪个小组。

### （七）合作学习法的应用

以高校体育标枪教学为例。

### 1. 合作学习设计

（1）确定合作学习目标。认知目标：拓展与学期教学内容相关的基础理论知识，改进和完善项目技术，提高运动成绩；认识合作学习的意义和价值，明确合作学习的共同目标，个体责任与义务，理解同伴关系，合作行动以及小组制订的规则。

情感目标：体验通过合作达成学习目标的情感促进；使学生对课堂气氛，合作学习过程与结果都有较高满意度；促进学生良好个性的形成。

技能目标：能熟练运用讲解、示范、教学组织、观察纠错等课堂教学技能，学生从"学会"到"会学"再到"会教"；培养学生的合作意识和合作技能，从合作小组到整个教学班呈现和谐的人际关系和较高的团队凝聚力。

（2）合作学习分组。分组原则：为保证合作的连续性和有效性，分组应遵循"组间同质，组内异质"与"动态分组"相结合的原则，根据教学目标、教学内容将运动技术水平和能力各异的学生分在同组，确保每个合作学习小组的组成相对稳定合理。

小组规模与成员构成：为保证合作学习的有效性和组员的参与度，根据教学内容，场地器材条件，确定五人组成一个合作小组，分成四组。教师根据测试诊断，从学习态度、理论知识的掌握、技能水平等方面综合考虑，尽可能做到优势互补，以便于充分调动学生合作的积极性，为组间公平竞争创造客观条件。

制订小组规则：小组规则是合作学习活动中每个成员都必须遵守的行为规范，经小组共同讨论后形成的。每个组员应该积极努力为本组争光，树立无条件为组员服务的意识。

角色分工，明确个体责任：初步组成的合作学习小组中包括小组长和学生，每个角色须明确责任与分工，在小组共同活动时互相理解和信任，有利于学生合作意识和能力的培养，促使合作顺利进行。小组长由专项技术和运动成绩较好、有一定的组织能力和决策能力的组员担任，主要负责组织合作学习活动，指导组员练习，共同完成合作学习任务；其余组员都为学生，学生须配合小组长的工作，认真听取小组长的反馈信息，改进动作。

## 2. 合作学习在标枪教学中的进度安排

标枪教学的具体进度安排如表 2-1 所示。

表 2-1　标枪教学的进度安排表

| 标枪教学顺序 | 学时分配 |
| --- | --- |
| 握枪与原地插枪 | 1 |
| 原地投枪（最后用力） | 1 |
| 上步投枪技术 | 1 |
| 交叉步投枪技术 | 1 |
| 引枪交叉步 | 1 |
| 投掷步衔接技术 | 1 |
| 短助跑投枪技术 | 2 |
| 全程助跑投枪技术 | 3 |
| 考核 | 1 |

## 3. 结合标枪教学内容讨论合作学习的应用

（1）持握枪合作学习教学的应用。交流是人与人之间的信息交换，有利于加强对技术动作的理解。教师会集体讲解并示范标枪的两种握枪方式，即普通式和现代式。讲解示范以后要求学生集体左持握练习，教师会巡视观察练习情况并纠正错误动作（教师反馈）。随后分组练习时，会有小组长进行专门指导练习并检查动作是否正确（学生反馈）。最后会挑选其中一个小组进行展示并让学生点评（学生反馈），不仅能活跃学生的思维，还能强化学生的语言表达能力。通过多次练习和多向反馈，有利于学生掌握技术动作，更重要的是可以培养学生的合作能力。

（2）投掷步技术合作学习教学应用。在学习引枪时，教师边讲解动作要领边示范，随后学生集体练习，教师指导纠错。然后再进行分组练习，由小组长进行指导练习。最后小组展示由其他学生进行点评，教师加以补充。集体练习时，教师会针对学生的问题进行及时指导（教师反馈），学生再进行个人练习（自我反馈）。在分组练习和小组展示时，学生相互指导相互帮助（学生反馈）。引导学生在引枪的过程中要控制好枪，保证枪的纵轴与投掷方向一致，枪身不能离人体太远，持枪手也不能过低，标枪与地面的夹角也要适中，动作要平稳自然。小组长指导着组员一起进行练习，学生加强了对动作技术的理解，同时教师在小组练习时来回巡查纠正，让学生及时获得反馈，进行更细致的分析，能进一步思考和解决所碰见的问题。在小组展示的过程中，学生会表现得更加热情。

（3）全程助跑投掷技术合作学习应用。在学习全程助跑掷标枪技术前，教师会先进行示范讲解投掷步技术（教师反馈），然后让学生进行集体练习，针对在集体练习中所出现的共性问题在进行集体指导。随后在分组练习的过程中学生应注意投掷步的节奏。掌握了投掷步技术，才能让学生学习全程技术。由教师喊口令，学生听取指令进行集体练习。集体练习完毕再进行分组练习，由小组长统一指导练习，提醒学生要注意跑速，不要忽快忽慢。左脚踩到标志点时要积极地引枪并控制好枪，将标枪投出时左腿要有力地支撑，保持动作的连贯性，同时手臂要贴近耳朵。在随后的小组展示中，学生通过观察小组技术动作进行点评和反馈，学生可以直观地感受动作中存在的问题。

### 4. 合作学习的实施

教师在上课前应宣布本节课的教学内容、技术难点和重点，以及要达到的合作学习目标。合作学习目标主要包括认知目标、情感目标和技能目标。教师先集体讲解和示范动作技能，学生集体练习，教师逐一进行指导和纠错。然后根据学生的学习能力和技术掌握情况合理分配学习小组，每组5名同学，每组中技术较好的学生担任小组长，其余学生为练习者。小组长负责指导和纠正练习者，给予练习者及时的信息反馈，练习者负责认真听取小组长的反馈信息，改进动作。生生合作包括组内合作和组间合作：组内合作是小组长指导小组成员练习，并纠正动作技术，然后小组练习；组间合作是由一组集体展示，其他组纠错。

师生合作包含小组指导和全体指导：学生在进行小组活动时，教师要在课上来回巡视。若发现各组碰到了技术问题，教师要及时地进行指导，纠正小组成员的错误动作。在教学活动中，教师发现全体学生有一样的技术问题时，应立刻中断各小组的练习活动。针对这个共性问题进行集中的讲解和示范，防止学生继续练习错误动作。基础部分结束后，每个小组都要进行小组展示，这样教师才能检验合作学习的教学效果，通过展示后将各小组的表现情况作为对其进行奖励和认可的依据。教学评价先由各组的小组长去点评本组成员的学习表现，告诉他们在练习的过程中存在哪些不足之处，对于那些表现好的同学则给予表扬，然后每个小组再相互点评其他小组的学习表现，小组共同进步，最后教师点评整体的练习情况。点评完之后教师要布置课后问题以及告知下堂课的教学内容。

下面以学习原地投枪技术（第一次课）为教学内容的课堂教学为例设计合作学习法教学步骤。

合作学习目标：掌握原地投枪技术，体会纵轴用力的鞭打动作；学生对标枪学习有初步的兴趣，同时培养学生的合作意识。

在课的开始部分，明确课的教学内容和教学目标。随机抽问性格较为内向、表达能力需加强的学生，对回答完整的同学进行语言表扬和肯定。准备活动由教师全程带领学生进行热身。课的基本部分围绕技术重、难点进行设计。

在合作学习前，教师会集中示范、讲解，强调重点，引导学生学会从侧面、正面和后面观察技术动作表象。合作学习过程中，教师巡回指导，就技术改进和合作中出现的问题及时提供技术支持，促进学生技术的改进和合作意识的提高。用语言和行为鼓励组员之间互相帮助观察分析、纠正错误动作，在合作学习中体验成功的愉悦，强化学生的归属感和集体荣誉感。合作学习中如果发现学生的动作技术存在共性错误，须立即停止合作学习，召集学生集中讲解示范，然后再分组合作。在课间休息或课的结束部分，组织合作小组展示学习效果，互动交流，活跃课堂气氛，课堂形式与内容也更丰富。

小组合作学习时小组目标的达成须与个人目标相结合，组内合作，组间竞争。技术教学合作学习效果评价采用阶段性评价与学期末结果性评价相结合的方式进行。根据教学进度，任课教师进行随堂技评，为保证评价的客观公正，期末技评由教研室其他教师协助完成，期末的达标测试由任课教师完成。

## 二、微格教学法

### （一）微格教学的发展

微格教学（Micro teaching or Miniature teaching），通常又被人称为"微观教学""小型教学""微型教学""录像反馈教学"等，结合现代心理学和教育学理论基础，通过图文并茂的有声技术，步骤明确、层次分明地对学生和在职教师进行教学技能培训的一种科学有效的训练方法。微格教学通常的实施过程是，首先将学生分成5～6人的小组，在教师的指导下进行10分钟左右的片段性教学并录制下来，然后教师和小组人员一起观察录像过程，同时小组人员进行研究讨论和评价，最后教师对录像过程做出总结。反复如此，让学生轮流进行微格教学，教师在练习、总结、评价中不断提升自己的教学能力以及整体素养。

#### 1. 微格教学的产生

微格教学最早产生在体育圈，在体育教学中，教练为了较快地让运动员学会动作冗长的动作技能，特将一个动作技能分成若干个组成部分，分片段进行教学，最后再将片段的动作技能合成到一起，以期达到预计的目的。微格教学最初主要针对学生和在职教师的培训。

20世纪60年代，教育技术学在第四次革命中产生，其主要是指对教育学习中一些课程资料的设计、开发、应用以及评价的实践与理论，并且可以将文字、声音、教学过程以及反馈评价系统融合到一起，进而可以丰富教学过程、增加学生的学习兴趣、提高教学效果的目的。在早些时候，一些师范生的教育实习时间短，缺乏一定的教育经验，教学能力偏低，导致不能适应某些教学环境。师范生的师资培训的传统方法不能够很好地提高师范生的教学技能，因此教师培训的现代化、科学化和系统化成为师范教育改革的主要方向。随着时代的进步，一些教育学者相继产生，教育思想百花齐放，教师培训的研究人员试图将教育的技术应用到教育当中。因此在1963年，斯坦福大学的爱伦教授和他的同事在培训教师教学行为方法的基础之上，提出可以由学生自主选择教学内容，减少教学时间，并用录像设备记录下来，然后与导师一起研究讨论，最后做出相应的评价，以此进一步提高教学效果。这一研究方式得到了广大教师的实践，并在研究分析中不断完善，"微格教学"由此产生。

微格教学是一个具有可控性的学习系统，正是基于这一点，它可以使师范生或者在职教师有可能集中解决某一特定的教学行为和技能，或在有控制的条件下进行学习。

如今微格教学是在不断修改中逐渐完善的。最初微格教学的片断时间在 20～30 分钟，并且在练习中会邀请 30 名左右的学生，其中也有不少的评价指标，而且每项指标都有一定的评价标准，导致最后的评价内容比较多，执教人员往往抓不住重点。因此，爱伦教授和他的同事首先对教学过程的时间进行了修改，尝试改成 5 分钟，并且利用 5 分钟讲解一个动作技能片段，而教学中的学生也由身边的同学进行角色扮演，并将人数缩减到 4～5人，这样不仅便于操作，还有利于讲解。在此基础之上，爱伦对微格教学的反馈评价提出了 2＋2 的重点反馈模式，即在进行录像反馈时，每位学生要提出 2 条中肯的和 2 条否定性的意见，导师也需要最后总结出 2 条中肯的和 2 条否定性的意见，这样不仅限制了反馈的条件，同时也节省了反馈的时间。

虽然说爱伦和他的同事在微格教学上做了改进，但这仍只是微格教学的初级阶段，没有实质性的进展。

## 2. 微格教学的发展

微格教学目前被公认为是一种有效的师资培训方式，至今已有 40 多年历史。微格教学在 20 世纪 60 年代末传入英国，20 世纪 70 年时传入澳大利亚、新加坡、日本等国家，在 20 世纪 80 年代才传入中国、印度及非洲的马拉维、赞比亚等发展中国家。从产生、发展至今，微格教学也不断地完善改进。

20 世纪 60 年代初，爱伦和同事们明确了微格教学的基本概念、练习手段和学习内容，并于 1963 年出版了《微格教学》一书，书中阐释了一些微格教学的基本含义。例如，微格教学的实践虽然短暂，教学过程是人为地创设情境，但是却是一种简化了的、真实的教学课程，传统教学过程的因素都可以在微格教学中体现；同时微格教学的教学目标体现得更加明确，上课学生相对较少，而且在整个教学过程中比较容易操作和控制；微格教学的反馈效果相比传统教学更加及时、明显，以及结合反馈做后续的动作技能录像分析[①]。同时微格教学也强调在教学过程中要注意录像的重要性和教学重点的突出性。

## （二）微格教学的特点

微格教学在世界范围内得到认可和推广，和其自身的特点是分不开的。

第一，微格教学具有理论联系实践的特点。微格教学不是单一学科，它是多学科的融

---

① ［美］德瓦埃特·爱伦，王维平．微格教学［M］．北京：新华出版社，1996.

合，不只是教学，更有可实施的工具，这为微格教学理论的逻辑奠定了基础，也为其可操作性、可实施性提供了可能，而且整个教学过程清晰、逻辑清晰、信息反馈清晰。

第二，微格教学目标明确。采用多媒体的手段不断回放和分析师生之间、生生之间的信息反馈和交流，就是为了反复进行修正，直至掌握动作。这样将复杂的动作技能分解化，使每一节课的目标都非常明确。

第三，微格教学重点突出，其视频录制每段在5～10分钟，短时间内教师对单一动作进行示范和讲解，这样使整个课堂重点突出，学生也能非常清晰地理解技能掌握的重点。

第四，微格教学有利于创新。学生看到自己的技能掌握得不够好，或者示范过程中出现问题，就不断地思考如何进行调整，如何做得更好。同时为学生提供交流的环境，可以吸取别人的优势，加深对动作技能的理解和应用。创新自己学习的方法，提高技能掌握的速度和效果。

第五，微格教学信息反馈及时有效。在录制视频之后就对学生技能掌握情况进行评价，能够让学生及时知道自己的不足。同时评价主体多元化，包括学生自己、教师和同学，这样就使评价结果具有全面性。

第六，微格教学能够减轻学生的心理压力，在轻松环境下进行教学演示，能够提高教学技能。微格教学角色互换环节的演示知识模拟教学，不管成功还是失败，对整个教学计划来说影响非常小，在心理压力小的情况下进行教学讲解和示范、进行教学评价，能够使其更好地掌握教学技能。

### （三）微格教学的训练内容

微格教学主要是针对师范生和在职教师进行的教学基本技能培训。将教学任务进行分类、分解，从而制作一系列的教学片断，这些教学片断在原理上都与教学功能有共性，并在理论和实践的基础上进行训练。

教学技能在不同的领域也有不同的看法，尚未有一个公认的定义。

技能最初是以心理学定义出现的。《辞海》中给出的定义是，技能是"运用知识和经验执行一定活动的能力；通过反复练习达到迅速、精确、运用自如的技能叫技巧"[1]。也有一些心理学家认为："技能是在成功完成某种任务的动作活动方式或者智力活动方式，前者成为动作技能或操作技能，后者成为认知技能或智力技能。"骆伯巍的观点是，技能是在自己拥有的知识前提下，不断地练习，经过泛化阶段、分化阶段和动作自动化阶段的操作系统[2]。教学技能是在"技能"的基础上进行一定的迁移，也就是在一定的环境下完成教学任务，教学技能一般可以通过语言、动作示范、效仿和反馈评价完成。

北京市微格教学教研室经过多年的调查，不断观察学生课堂中的教学行为，将教学技

---

① 《辞海》教育学．心理学分册［M］．上海：上海辞书出版社，1987.
② 骆伯巍．教学心理学原理［M］．杭州：浙江大学出版社，2000.

能分为一般教学技能、基本教学技能、综合教学技能、教学技巧四个教学水平[①]。体育教学技能也是同样的道理，体育教师在进行教学时，会将复杂的动作技能进行片段性教学，在课堂中主要采用描述性语言、动作示范、学生练习以及反馈性评价进行动作技能的教学。

### （四）微格教学的实施步骤

微格教学自诞生开始，国内外不少学者都制订了不同形式的教学步骤，以期望可以进一步用最好的效果对师范生和在职教师进行培训。比较典型的实施步骤主要是：针对动作技能特点，在理论的基础上将其分成不同层次的单个动作技能，并且确定教学目标；教学者根据单个动作技能目标，写出一堂示范课的教学设计；组织学生进行示范课的教学；教学者、学生以及专家对课堂教学录像进行分析，反馈评价；教学者对课堂内容录像进行反思性修改；根据意见和建议再次对课程进行授课；再次反馈、评价和修改。

可以看出，微格教学的步骤是经过试教—反馈分析—修改—再次教学—再次反馈评价的循环周期进行的，以此往复，进一步促进学生和在职教师的动作技能学习。

### （五）微格教学法的应用

以高校体育跨栏教学为例。

### 1. 微格教学跨栏技能教学方案设计的指导思想

在高校跨栏体育教学中，微格教学研究是将微格教学法运用到跨栏技能教学中，培养学生跨栏技能的课程，旨在使教师通过微格教学更好地提升教学质量，使学生更有效掌握跨栏技能，高质量完成教学目标。运用微格教学理论设计教学方案的时候要站在系统论的角度，充分考虑教师、学生、环境之间的相互影响，考虑各个因素之间的相互关系。

为此，结合教师具体的教学水平和素质以及跨栏技能教学的特点，设计教案。教师在设计教案的时候要充分考虑课堂的可操作性、时间分配、技能应用、教师演示、学生练习等多个因素。

教学的设计包括理论课与实践课。首先是理论课，在授课之前，由教师对实验学生进行相关培训，让学生对微格教学有充分的认知和理解，包括微格教学的各个环节、设备的使用方式、教学注意事项等，使学生能够熟知各个教学过程。其次是实践课，按照示范—角色互换—回放—评价—重教的过程进行实施，其间对示范动作、角色互换都要进行录像，回放和评价的基础是录制的视频。

### 2. 授课内容

第一次：掌握跨栏步分解技术、掌握站立式起跑过栏技术

---

① 王凤桐，李继英．北京市微格教学研究会丰台教科所微格教学课题组微格教学探索与实践［M］．北京：北京师范大学出版社，1999.

第二次：复习、初步学习栏间跑技术

第三次：回顾、改进跨栏步技术、初步学习半蹲式起跑过半程栏技术

第四次：复习、初步掌握蹲踞式起跑过栏技术

第五次：复习、跨栏跑完整技术分析

第六次：复习、初步掌握全程跨栏技术、提高跨栏周期节奏

第七次：复习、练习左右腿跨栏技术

第八次：全面复习、改进

第九次：考评

### 3. 微格教学授课过程

以第一次为例，讲解微格教学的授课过程。

具体做法：由授课教师进行示范讲解。由教师按照正常速度对跨栏动作要领进行讲解，同时对教师动作进行录制。学生在此过程中观察和模仿教师，对教师示范的动作在大脑中有初步的形象和符号特征，和自己已有的经验结合起来进行加工。接着再次播放教师的示范动作，以慢动作的形式呈现，同时教师在旁边进行辅导，并对相关的动作技能进行理论知识的讲解，学生对自己已经加工的动作和教师进行对照，清楚自己哪些动作是正确的，哪些是需要进行纠正的，经过不断的练习和对比，深化技术动作，接着进行角色互换，由学生自己作为教师进行动作示范和讲解，这个时候用多媒体录制学生的动作。结束后集体观看学生的示范动作，在观看的同时，学生开始记录他人的动作演示情况，再进行自评和他评，让学生清楚地了解自己的动作哪些需要纠正，问题出在哪里，如何进行改进。同时播放标准的动作演示，让学生在讨论和对比中纠正自己的动作。最后由学生开始进行实际跨栏。跨栏的时候，教师依旧对学生的行为进行摄像，然后再次回放动作，再次进行信息反馈，同时教师找一些比较有代表性的学生的技能动作进行慢动作回放，在回放时，教师对学生经常出错的技能动作进行讲解，增强学生对正确动作的记忆，让学生在视频对照和小组讨论中解决问题，提升技能。

下课以后，教师可以将视频、照片发放到教学群里面，由学生自行学习，同时在群里面进行讨论、解决学生提出的问题，学生也可以对其他学生进行信息反馈，在交流中不断进步。

之后的课程和第一次的教学流程相同。

### 4. 微格教学法应用的影响

（1）微格教学对学生学习兴趣的影响。传统教学和微格教学，哪种教学更能够激发学生的学习兴趣？相比传统教学，学生更喜欢微格教学，微格教学更能够激发学生的上课积极性。

微格教学之所以能够激发学生对跨栏的学习兴趣，主要有以下三点：

第一，微格教学借用多媒体教学，这与互联网技术紧密相连。现在的学生生活都是和多媒体联系在一起的，网络视频已经成为他们的生活和学习方式，视觉学习已经成为一种学习习惯。与传统教学相比，这种教学方式他们会更加习惯。

第二，微格教学能够充分调动学生的主观能动性，让学生真正成为课堂的主体。当学生真正成为课堂主体的时候，他们就会享受和喜欢课堂。微格教学中的角色互换，让学生当教师进行教学演示，不对动作示范做评分，只是作为一种进步的手段，让学生能够清楚地了解自己的不足。同时民主氛围强，学生可以自由发表言论，在讨论和交流中提升技能。

第三，微格教学能够提升学生的自信。微格教学信息反馈及时，学生能够迅速观察到自己有哪些地方不足，在自评和他评中认知自己，在交流和研讨中解决问题，知道自己改进的方向。

（2）微格教学对学生学习习惯的影响。学习习惯是通过学习过程中的反复练习形成和发展的，成为个人需要的自动学习行为。形成良好的学习习惯有利于激发学生的学习积极性和主动性；有利于形成学习策略，提高学习效率；有利于培养自主学习能力；它有利于培养学生的创新精神和创新能力，这将有助于学生更好地掌握跨栏技术。微格教学能够促进学生学习习惯的养成，主要有以下几点：

第一，微格教学有利于学生养成及时反馈、及时复习的习惯。微格教学最重要的一个环节就是回放和评价，在回放的时候，学生会回想自己的动作技能，在评价的时候，通过他评和自评反馈自己的不足和优势，对自己有清晰的认识，而且这种反馈贯穿整个教学环节。复习是学习习惯的重要组成部分。及时的审查可以加深和巩固对学习内容的理解，防止通常在学习后发生的快速遗忘。根据遗忘的曲线，经过两三天的记忆，忘记的速度是最快的，然后逐渐减慢，审查可以加深印象。微格教学结束后在学习群发送的视频就是及时复习的提醒，让学生自觉学习。

其次，微格教学有利于学生养成善于思考和善于发现问题的习惯。微格教学开始的教师演示和事后的视频回放，是为了让学生自行进行对比，发现问题，思考自己为什么没有做到位，原因在哪儿，如何进行改善。学生通过思考，自行解决问题，发现事物之间的关系，形成自己学习的直接经验。

第三，微格教学有利于学生养成讲求效益的学习习惯。微格教学自身具有在最短时间内提升技能的特点。促使学生养成在计划时间内完成录像、回放、评价等工作，而且每次学习之后，要评价自己做得如何，将自己专注在一件事情上，提高效率。

（3）微格教学对师生关系的影响。微格教学能够促进师生之间的关系，使学生能够站在教师的角度去思考问题，更好地理解教师的感受。

首先，微格教学有一个重要的步骤就是角色互换，通过角色互换，学会换位思考，理解教师感受，积极融入课堂。

其次，微格教学以多媒体为手段，这种方式符合时代的发展，也是时代的一种沟通工具。这种工具是学生乐于运用的。不只是录教师的视频，也会录学生视频，大家是公平的，一起欣赏、讨论、交流，课后也会在群里沟通，加强与教师之间的交流，提高学习的效率。

再次，微格教学课堂教师讲授较少，基本以演示、讨论和评价为主，给学生和教师更多的交流机会，让彼此熟悉对方，拉近双方之间的距离。

最后，师生之间关系的改善，为课堂创造了良好的氛围和环境，间接刺激学生学习的热情，让学生在更宽松的氛围内吸收知识，掌握技能。

## 三、领会教学法

### （一）领会教学法的概念界定

领会教学法是最初侧重学生对这项体育运动技能规律的领悟、体会，最终让学生产生对运动内在规律、运用技术动作的能力，这一教学方法强调的是学生产生认知并理解后使得该运动成为个人的兴趣爱好。同时，这一教学方法注重教师和学生传授与反馈，对培养学科兴趣和学生认识事物能力得到提高、增强自信心有着一定的作用。

### （二）领会教学法的指导思想

随着教学改革不断深入，越来越多的教学方法用于体育教学，但是不论采用什么样教学方法，都应该坚持以"启发式"为重点的指导思想。启发式教学往往与注入式教学形成对比。启发式教学并不是特指某一种教学方法，而是作为一种总的指导思想进行教学。注入式是一种以教师为主的教学，把学生比作一种容器，没有关注学生学习过程中的能动作用。在技能教学过程中，教师总是把技术动作直接塞给学生，造成学生对动作技术要领模糊，动作技术的掌握往往不够理想，因为没有发挥学生的学习主动性，学生往往被动接受知识，缺乏深入了解。启发式是指教师从学生的实际出发，采取各种有效的方式去激发学生的兴趣，从而调动学生学习的积极性，引导学生去领会技术动作的要领和掌握体育基础知识，通过自己的积极身体活动获得不一样的体验。

领会教学法就是以启发式为指导思想，通过多种教学方法，如练习法、讲授法、讨论法、反馈法、游戏法、合作探究法、发现法等，巧妙地引导学生，激发学生学习的兴趣和积极思维，不断提高学生的学习动机，改变学生学习的盲目和被动性，使学生在学习中发现问题、分析问题和解决问题的能力得到提升。领会教学法把理论和实践紧密地联系在一起，对培养学生的创新能力、理论与实践相结合及实践操作能力有很大的促进作用。

在教学过程中，传统教学方法侧重于学生技术动作的掌握而忽略动作技术原理等理论知识的学习。而领会教学法认为理论知识的学习和技术动作的掌握同样重要，理论知识的学习是为了避免学生动作技术学习过程中的盲目和被动，使他们能够准确有效地理解技术动作，加强他们的学习动机，激发其积极思维。

### （三）领会教学法的教学优势分析

#### 1. 充分发挥教师的主导作用

在体育教学活动中，教师应该发挥其主导作用进行教学，领会教学法的本质就是强调教师在整个教学活动中的调控作用。首先，教师确定教学目标、教学重难点、钻研教材、了解学生和设计教法，能够较好地捕捉学生的各种反馈信息，教师根据领会信息进行评价与判断，不断改善教学过程。其次，教师应创造适宜的教学情境，激发学生的学习动机，使学生产生学习兴趣。学生对学习有无兴趣，学习效果完全不一样，所以在教学过程中发挥教师的主导作用，根据学生的实际情况采取有效的措施，并创设适宜的教学情境，吸引学生注意力，使他们意识到通过自己的努力能够学有所得，从而激发他们的学习动机，使他们积极地投入体育学习中去。

发挥教师主导作用的方法有三点：第一，设置情景，激发学习兴趣。兴趣是最好的教师，有一个良好的兴趣才会产生较强的学习动机，学习动机是推动学生探求知识的动力，而较强的学习动机需要教师引导，教师要在教学活动中创设良好的情境启发学生，提升学生学习的兴趣。一旦有了学习兴趣，学生就会主动地、自发地指向学习的对象，对学习充满激情和活力，从而调动学习积极性，养成良好的学习习惯。因此，教师在教学过程中要根据教学实际（场地、器材、学生身体素质、教材要求）努力创设良好的教学情境来调动学生的学习热情。第二，精心设问，拓展发散思维。无论什么样的创新活动都是从问题的产生开始的，社会需要创新，创新是一个国家发展的动力。在教育教学中，教师应该积极培养学生的创新意识，培养学生善于发现问题、积极探究、分析问题和解决问题的能力。第三，拓宽思路，培养认知规律。在教学过程中，教师要在恰当的时间提出相应的问题，引导学生围绕某个问题，通过小组之间的探讨，各抒己见，集思广益，得出全组的结果，然后全班进行总结，得出最佳答案。

#### 2. 充分体现学生的主体作用

在教学实践中，学生是主体，一切教学活动都是学生自己完成一系列的学习活动，而教师提供适当的引导，真正体现出"主导"与"主体"之间的相互关系，能够最大限度地把学生调动起来。在同一教学内容上，学生能够根据其本身不同的基础水平、不同的技术水平和思维发展水平积极主动地与教师、同学开展合作，促进交流和沟通，使课堂充满融洽、积极的学习氛围，使学生的学习更加开放。如何在教学实践中发挥学生的主体作用呢？一些具体做法如下：其一，转变教师思维，明确学生发展的主体性；其二，追求和谐的课堂活动，建立和谐的师生关系；其三，教师要树立以学生为中心的教育理念，培养学生提取有效信息的能力；其四，为学生构建一个宽松的教学环境；其五，让学生自主学习；其六，让学生发挥自己的主观能动性；其七，培养学生的创新意识和创新能力。

### 3. 有利于因材施教

在领会教学法的教学中，教学目标对师生双方都有相应要求。对教师而言，要将宏观控制与微观控制相结合，因为教学是一个双向的过程，在此过程教师需要引导学生不断思考、探索，获得一定的理论知识和技术技能，能理论结合实际地解决问题。要做到因材施教，教师需要做到以下三点：其一，教师要正确认识学生的认知方式差异与个性差异，做到个性化教学；其二，教师要与学生平等相处，充分了解学生的需求；其三，博采众长、分层施教。所谓因材施教就是不抛弃一个差生，也不宠溺一个优生。在课堂活动中根据学生的实际情况找到与目标的差异，进行调节与控制，使学生在其不同的能力水平上也可以展开不同层次的学习，促进全体学生的全面发展。

### 4. 有利于创造融洽、探究的教学氛围

领会教学法能创造轻松、愉悦的教学环境，使学生能够融入其中而不被束缚，能积极主动地与教师展开各种讨论，形成开放型的学习情境。运用领会教学法有利于师生之间形成良好的关系，使学生在学习上更具积极性和主动性，能够在教与学的效果上体现出来。只有在教学过程中打造出富有情感的教学环境，才能创造理想的、积极的教学氛围，促进教学效果的提升。

### （四）领会教学法的教学原则

#### 1. 具体性原则

具体性原则是指领会的内容要具体、准确。为使领会成为连接学生意识中感觉与动机体验的桥梁，领会的内容应限制在一定范围内，并随着技能水平的提高而更有针对性，才能有效地发挥其调节的作用。在教学中，教师对学生完成技术动作的情况，既不肯定，也不否定，或有的教师给学生的领会信息不具体、不准确，教学中就不能起到很好的调控作用。

#### 2. 全面性原则

在体育教学中，教师要尽可能了解学生学习中的基本情况，遇到问题采取相应的方法解决问题，因为学生之间存在差异性，部分学生能够达到教学目标，不等于全班都能达到目标，学生掌握了某个动作技术环节，不代表他掌握了完整的技术动作；再者，教师提出的问题要有技巧性，使学生进行积极讨论和创造性的回答，注意培养与发展全面素质。

#### 3. 交往性原则

组织学习活动的任何一种形式都是由学生和教师相互关系的性质决定的。教学应是教师教学生学的共同活动，包括师生之间的信息交流及反馈，这种循环往复的影响，就是领会的交往性。领会教学法的有效性，决定着教与学的结果是否显著。部分教师习惯于"注

入式"讲解，忽视这种交往性导致教学效果不理想。教师作为教学主导，应充分把握交往的词语，符合逻辑和清晰的说话方式，用学生最能理解的语言传递再加工的知识信息，表达学生能够领会的信息，达到交往和谐的境地。

**（五）领会教学法的应用**

以高校体育篮球教学为例，探讨领会教学法在高校体育教学中的应用。

**1. 领会教学法的思路**

通过多视角、多维度对领会教学法在师范类高校课堂中的运用与常规教学法进行研究。领会教学法的教学思路大致分五方面。

（1）传授以成套的篮球技术动作，而非细节动作。在教学中注重传授学生成套的篮球技术动作而非传统教学法中单一、机械的技术动作。也就是，教师通过赛前（根据学生的实情，对比赛的规则与要求进行限定）学生按照该限定做出训练并强化。例如，在传接球上篮的教学中增加特定的规则（能否运球，如果运球限定运球次数），要求加入其他技术动作（转身、变向），并以教学比赛（半场或全场并简化难度和规则）的形式呈现出来，既可以满足学生对于篮球动作"观赏性"的要求，又能达到篮球攻防特点的教学目的。这样形式的篮球教学课堂，摒弃了传统的对细节动作"枯燥"的理论式教学，给学生更多的自我演示并展示的时间，让他们从观看别人和自己的学习中逐渐领会到技术动作，找到篮球这项运动的乐趣，活跃课堂氛围，增加学生参与的热情。

（2）避免过多的单个技术动作的细节讲解，增加学生自主练习时间。领会教学法强调的是球类运动的特点与本质，从能够掌握运用的比赛出发，强调技术动作的实战性。显然，单一的技术训练教学并不能满足比赛竞争的需要。从初始，它就将所学的技术动作运用到攻防实战对抗中，达到增加比赛应用练习数量的要求，教学比赛是根据教学内容和学生自身的具体情况及特点以简化了的规则和难度的形式呈现出来的，且更具趣味性与对抗性，更能让学生融入课堂、融入教学内容，大大地提高了学生的参与性。这样一来，缩短了理论教学时间，还让学生所学即能在场上有所反映。由于单个技术动作讲解教学时间缩短，自主练习、领会的时间增多，对学生了解篮球规则的学习和了解也有积极的促进作用，结合了理论和实践的学习。

（3）注重培养学生共享心智。篮球运动与其他田径运动项目差异是要求学生掌握全面的篮球技术动作，还有临场的反应能力，这恰恰是领会教学法的"专长"所在。教师应当首先通过学生的基本功的展现，将他们分为适当层级。在课堂中分组，通过小范围、短时间的比赛，反复学习，强化技术动作，学生之间相互交流、相互学习。在学生反馈动作时，教师同时要观察学生动作，及时沟通、及时纠正，避免学生因不清楚要领而只是"比画动作"，机械跑动。

（4）注重临场决断能力的培养训练。领会教学法打破了原有的体育课堂的教学常规，改变了学生被动接受者的地位，提升了学生在课堂中的参与度。教师的关注点从理论细节讲解转变为"观察者"，学生不再仅仅是用耳朵去感受动作，而是亲自实践，还可以根据自己的实际情况选择性地学习或者提高某一技术动作。体育教学的最主要目的是让学生身心得到同步发展，让学生理解终身体育的意义，教学并不是"只教不学"。

（5）加强自主学习。领会教学法中的"领会"包含两方面含义：其一，不同层次的学生，通过不同难度的小范围、短时间的实战经历，亲身体验并理解篮球运动规律、技术动作要领。其二，反复实战，强化某项动作的学习和理解，从而不断提高自身技术水平。由此可知，领会教学法侧重于对篮球技术动作及规律的理解，而不是传统的理论讲解、照搬技术动作。它不是对战术的刻板跑动，而是真正理解篮球规律。

领会教学选用的教材大多数具有实用性和针对性，放弃了以往传统教学法注重单个技能技术的教学，是以组合形式完成的组合技术，如在传接球上篮的教学中增加特定的规则（能否运球，如果运球限定运球次数），要求加入其他技术动作（转身、变向），并以教学比赛（半场或全场并简化难度和规则）的形式呈现出来。

领会教学法的思路着重于按不同学习情况、不同学习阶段、不同水平的学生，由易到难、由简单到复杂，阶梯性、限定性地安排教学内容，设计简化的教学比赛。经过多次不同阶梯性的不同难易程度，大量的比赛或游戏模拟实际比赛，学生能够学习更为直观整体的技战术知识，强化训练学习。教师以共享心智、认知能力为教学重点来培养学生。与此同时，根据不同层次学生的需要来培养学生，根据需求讲授不同的动作技巧，并针对性地设计简化的限定性教学比赛进行强化。

在领会教学法的思想指导下，根据该项目篮球体育课学生的实际情况，制定新的篮球课程教学流程、教学进度计划以及教学内容。

### 2. 教学流程设计

教学流程如图 2-3 所示。

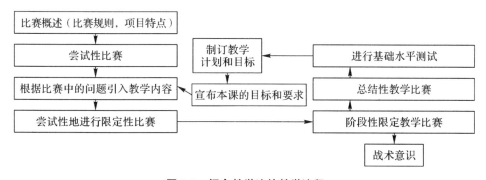

**图 2-3　领会教学法的教学流程**

### 3. 教学进度计划

第一周：介绍本学期课程的教学内容，任务以及要求；进行一些专门性动作及素质的测验以及尝试性教学比赛，全面了解学生的技术掌握情况；根据各个项目中学生的实际情况进行总结，为以后教学安排提供参考。

第二周至第十四周：将学生分组进行尝试性比赛，总结第一次比赛后进行均衡分组，在之后的教学中不断进行限定性教学比赛，让学生在比赛中不断了解并加深理解比赛规则及技能，通过不断地总结进行改进与调整；不断提高学生的技术与能力。

第十五周至第十六周：进行总结性比赛与学生测验。

### （六）领会教学法的优势

以高校体育篮球教学为例。

#### 1. 领会教学法对于篮球的教学效果更加明显

领会教学法通过课堂学习，增长了技能、意识，同时增强了身体素质。领会教学法在教学过程中，组织进行大量的限定性教学比赛，多数时间是通过实战来进行教学，课堂的跑动较传统教学模式大大增加，比单一细节技术动作训练的运动强度要大。

领会教学法更有助于学生掌握篮球技术。领会教学法在教学过程中，更多时间用于学生实际体验、反馈再到强化，让学生在不同阶段、小范围、短时间的比赛实战中反复地学习、不断提高技术动作的质量，改进每一个目的不明晰的动作，在比赛中加以体现，形成条件反射。

领会教学法更契合学生在篮球赛场上迅速反应的要求。领会教学法强调在比赛中对应变能力，即对方行动的及时判断，以及技术动作的灵活运用，在临场时遇到问题不至于失误而影响比赛结果。结果表明，领会教学法在高校篮球公共课教学中，对于提高学生在比赛实战中技术动作的运用、提高学生临场比赛发挥能力的优势更加明显。

#### 2. 领会教学法更能提高学生的共享心智水平

领会教学法在提高技术水平的同时，通过不断的实战，让学生逐渐懂得篮球不是一个人的比赛，需要团队共同配合完成。领会教学法在课堂上弱化了教师传统的主导作用，而强化了学生作为主体的要求。在教学整个阶段，通过大量的教学比赛或者限定性的教学比赛，注重学生对篮球的内在规律的认识，通过不断学习和思考，在实战教学中，学生充分地磨炼技术，为共同的目标共同协作、彼此配合、相互磨合，体会团队协作的力量。

#### 3. 领会教学法更有助于改善学生的心理健康状况

领会教学法对学生的心理健康方面更有益。运用领会教学法可以使学生人际关系、比赛场上躯体症状、焦虑等多方面的心理健康状况有所改善。领会教学法在篮球课堂教学中契合教育规律，不仅适应当代大学生的心理发展需求，提高课堂教学效率，还有助于促进国家对人才队伍建设的要求。

# 第三章 高校体育教学的思想演变

## 第一节 体育教育教学思想

### 一、"终身"体育指导思想

#### （一）基本内涵

国内很多学者对终身体育指导思想的含义都有不同的释义。有的研究者认为，终身体育思想作为一种学校体育思想，可以培养学生终身学习体育知识以及运动技能的能力，它的产生是终身教育和现代社会发展在体育领域的融合。而有的学者将终身体育指导思想的含义分为了两方面：其一是终身体育指导思想具有明确的指向性。终身体育指人从出生至死亡参加学习的全部体育锻炼运动，将体育运动真正融入人生的各个阶段中，成为人生必不可少的重要组成内容。其二是以终身体育精神为向导、目标，注重体育的体系化、整体化，使人一生中无论身处任何环境都有参加体育运动的机会。终身体育指导思想不是单一强调某个环境下的体育，而是包括学校、家庭、社会这三个维度的总和。所以终身体育指导思想主要强调的是学习体育运动的纵向发展。

终身体育指导思想主张帮助学生在学校掌握1～2项的运动特长，并在走出校门参加工作后能够不间断地进行体育锻炼，为每个人提供可持续发展的动力。终身体育指导思想的最终目标是学生能够在进行体育运动的过程中发自内心地接受体育运动，帮助学生养成体育锻炼的能力和意识。终身体育指导思想教学内容的安排为运动、文化、生活的三方融合，其特点是注重学校教育和社会生活教育的结合。

#### （二）终身体育思想的影响

##### 1. 教学目标体现教育的延续性

在终身体育指导思想的影响下，教学目标基于学生学习体育知识和技能添加了养成学生在日常生活中延续进行体育锻炼的要求。终身体育思想下教学目标的设定首次体现了教育的延续性，其增加的目标内容对学生体育锻炼习惯的养成和延续有重要的意义。人的一生会经历三个阶段，分别是成长发育期、成熟期和衰退期，无论在人生的哪个时期，都要通过体育锻炼来促进人的身体健康。在人一生的这三个阶段中最为重要的是成长发育期，这一阶段是养成终身体育运动习惯的最佳时期。成长发育期对应的年龄阶段为6～22岁，几乎都在学校中度过。学校教育是系统的、有组织的、全面的教育，为处于这一时期的学生养成终身体育意识创设了良好的环境。

## 2. 教学实践注重学生兴趣培养

在终身体育指导思想的影响下，学校体育开始注重体育课对学生体育兴趣的激发。在体育课堂中要求教师在满足学生对体育运动要求的基础上，采用合理的教学方法和手段激发学生对体育运动的兴致和热情，在实现体育教育目标的同时鼓励学生融入体育运动，培养学生进行终身体育运动所需要的条件，养成规律的运动习惯。终身体育指导思想具有显著的衔接性、持久性特点，在其影响下教学评价体系由以往的重视结果转变成注重过程，从之前的以教师为中心转变为以学生为中心，注重学生在体育课中的心理变化，以培养学生对体育运动的兴趣、爱好为主。

## 3. 教学内容倾向基础知识铺垫

在终身体育指导思想的影响下，学校体育教学内容的选择转向注重加强学生的体育参与意识，强调将体育教学内容的计划性与选择性相结合，并且鼓励提出教学内容的不同意见。终身体育指导思想内容选择为培养终身体育意识做好了基本的铺垫，在体育课堂中教授学生体育知识、体育技术技能以及运动损伤的防护，为学生养成终身锻炼的习惯提供必要的科学指导。终身体育指导思想倡导在增进学生的生长发育、促进学生身体健康的基础上完成学校体育预设的目标，做好学生体质健康的"铺路砖"，同时帮助学生摆正体育运动在生活中的位置，让体育运动陪伴学生度过一生。

### （三）终身体育思想的改革路径

#### 1. 理论与实践相结合

体育教育的最优化应当是理论与实践相辅相成。在体育教学过程中，教师先传授给学生体育理论知识，然后在理论知识的铺垫下进行实践，并在实践中巩固、深化理论知识。然而在实际体育教学中出现了两种极端：一是只重视理论知识，为了防止运动过程中的运动损伤和意外，教师以理论知识为主，不将理论知识付诸实践，造成了学生对体育运动"纸上谈兵"的状况。二是一味地教给学生技能，再让学生练习，没有理论知识的铺垫很容易导致学生形成知识误区，练习错误的动作技能，甚至还会因为动作错误造成运动损伤。教师应当合理规划体育的理论传授和实践应用的比重，将理论和实践相结合，更好地促进学生的体育学习，强化终身体育思想意识。

#### 2. 正确规划课程内容

在教学内容设置中，以终身体育指导思想为向导，在制定教学目标时，注重分层次设定，有计划地完成体育教学任务。终身体育指导思想注重培养学生体育锻炼的技能，使之受益终身，这就要求学校体育课程的内容设置是简单便利的，对运动场地没有特殊的要求，在课程内容的安排要充分发挥体育教育的实用性，体育理论知识、运动技术技能以及常见的运动损伤护理都要涉及，以有效地培养学生的终身体育意识。

### 3. 丰富体育教学方法

新鲜的事物总是能引人注意，新颖的教学方法能够吸引学生的注意力，学生在注意力集中的情况下学习的效率也会显著提高。教师的教学手段是教学过程中十分重要的内容，是激发学生体育运动兴趣的关键，也在很大程度上决定了学生对体育知识的吸收状况。在体育教学实践中，教师选择学生感兴趣的体育教学方法，并在教学过程中不断地渗透终身体育思想，可以潜移默化地培养学生的终身体育意识。例如，在体育课堂中可以采用分组教学的方法，把喜欢同一种或者同一类项目的学生分在一起，组内学生拥有相似的兴趣爱好不但可以在一定程度上提高学习的效率，而且组内讨论还可以相互答疑解惑。

### 4. 完善教学评价体系

体育教育的评价不能只参照学生的体育成绩，还要参照学生的学习态度、进步状况、情感体验和运动技术技能的掌握情况。多元化的评价体系是促进师生之间沟通的桥梁，可以在课程中及时发现并改正问题，以保证体育教学活动的正常进行。学校体育教学的评价体系不应该以最后的运动成绩为基准，终身体育指导思想的目的是在增强学生体质健康的基础上，帮助学生养成体育锻炼的爱好和习惯，因此学校体育教学评价体系应当注重过程评价和结果评价的统一。以终身体育指导思想为参照依据，改变之前的学校体育评价体系，在评价体系中加入师生互评，将学生的学习过程纳入评价体系中，融合终身体育指导思想的内容。

## 二、"全面发展"体育指导思想

体育在促进人的全面发展等方面发挥的作用是任何教育都替代不了的，要切实发挥体育在促进青少年全面发展、健康成长中的作用。为贯彻落实习近平总书记强调的内容，2016年，国务院专门制定了《关于强化学校体育促进学生身心健康全面发展的意见》，对青少年执行全面发展的方针提出了意见，并明确规定了到2020年学校体育的教育目标。

### （一）基本内涵

全面发展指导思想衍化于马克思全面发展理论，马克思将全面发展理解为：人的"能力"方面全面发展，包含人的体能和智力的广泛、充盈、自由自在的发展。将促进身体健康、学习体育知识和增进思想品德涵养三者融会贯通是全面发展指导思想的最终目的。全面发展指导思想是随着人们对体育领域了解的不断深入，由生理、社会和心理三个维度的组合而成的三元体育教学观。全面发展学校体育指导思想的方针为促进学生德育、智育、体育全面协调发展，主导方向为完成体育教育的目标、任务。

首先，全面发展指导思想的提出使之前的体育教学生物观上升到了另一个层次，该指导思想强调个性的展示在体育学习中的重要性，建立独立、自由、民主的教学环境，使全体学生的主观能动性得到更好的发挥，全体学生充分发展个性，从而达到实现人的全面发展。其次，全面发展指导思想重视理论联系实际在人的学习发展中的重要作用。其发展理念认为，在学校体育教育中，学生不应该只学习理论知识，而应该重视理论联系实际的学习理念。只有自己身体力行感知的知识才会留下深刻的印象，才能更好地掌握。最后，全面发展指导思想认为，"自觉"是学习中非常重要的前提，强调学生主观世界的改变，认为高度自觉是在体育课程中实现全面发展理念的关键。

### （二）全面发展体育思想的影响

#### 1. 为素质教育指出发展空间

全面发展指导思想的执行为素质教育指出了发展的空间。素质教育的思想为：在当前社会发展和教育者的希望下，面向全体学生，全面提高全体学生各项基本素质，重视发展与培育学生的才能与态度，助力他们在德、智、体等方面以灵动、活泼开朗、自觉地发展的教育形式。随着全面发展指导思想在学校体育教学中的推广，教师开始注重学生的个性发展，倡导学生全面、自由、充分的发展，对于运动项目的设置也逐渐丰富完善。素质教育作为一种教育理念，反映了实施教育最优的状态，其最终目标是培育"完整"的人。全面发展思想是素质教育实施的向导，对素质教育具有非常重要的作用。

#### 2. 体育观发展为三维体育观

全面发展体育指导思想主张促进学生德、智、体全面发展，在指导思想的影响下学校体育摒弃了原来的传统生物体育观，主张以生理、心理和社会三维体育观的视角去审视学校体育的作用和功能。这种三维体育观和传统的生物体育观不同的地方在于它使体育教学目标体系的建立层次和视角变得比以往更加广泛，使学校体育在学校教育中的作用和特殊地位得到了更好的发挥。三维体育观视角下，学校体育教学目标设定的层面变得极其广泛，体育教学内容的安排更加丰富，教学方法的运用也偏向促进学生的心理发展和社会适应，教学评价体系逐渐多元化，充分发挥了学校体育在学校教育中的作用和功能。

### （三）全面发展体育思想的改革路径

#### 1. 转变"片面化"的教育方式

当前学校体育的教育模式基本着重于"局部"的发展，技术化教育机制明显，教育手段具有强制性，看似促进学生全面完整的发展，但事实上却恰恰相反。想要学校体育教育真正实现人全面发展的教育理念，当务之急是要改变"片面化"的教育方式，使其逐渐向整体性转变，充分发挥学校体育教育的完整性。客观完整性是人身心发展的内在规律，人是综合德、智、体多种素质的完整体，人的发展要在多样素质的齐头并进中才能到达全面发展。在教育的过程中要遵循教育的全面性与综合性，只有对学生进行全面的教育才能促进学生的综合发展。全面代表整体，不能只着重于某一方面的目标，而应以德、智、体等多方面、多角度的教育去作用于受教育者。综合就不是单一，而是多种素质的全面发展。学校体育教育想要转变为"整体性"的教育方式，就要保证在学校体育教育中以"体育"为基础，注重学生德、智、体全方面、多角度的协调发展，确保学生在以身体素质发展为前提的情况下，其他素质也得到全面提升和综合发展。在具体开展体育活动中，要采用综合性和全面性的教育方法，使学生在体育活动中得到充分、全面、自由的发展。

### 2. 结合社会发展建立体育目标

学校体育价值目标应该摆脱功利化，防止单纯地偏向社会或者个人，应该寻找兼顾社会和个人之间的平衡点。学校体育应该在加强学生的身心健康素质教育的同时，同人文素质和科学精神相结合。在注重学生创新能力和创新精神的培养上，帮助学生学习、做人、创新、合作、健体等，将人的全面发展引入学校体育教学的近期目标中。学校体育目标应该尽力提升学生在学校体育中的主体价值，追求学生完善个性发展同社会生活方式发展的内在统一，助力经济文化发展同社会生产力发展水平的逐步提高，最终达到人的全面发展。全面发展体育指导思想中的体育，应该最大限度地挖掘学生本身在全面中发展的各种有利因素，并无限地放大这些因素，使之成为相互促进的组合，同时充分发挥组合的整体作用，使之实现 $1+1>2$ 的理想功能，从而更好地促进人的全面发展。

### 3. 建立多元化的教学评价体系

充分发挥教学评价系统的促进作用，可以保障全面发展思想的顺利进行。在评价体系中，要多站在未来发展角度去考量他们，舍弃倾向于选择和甄别功能的传统教学评价模式，建立促进学生全面发展和提高的综合性评价目标。评价内容要以鼓励为主，引导和鼓励齐头并进。每个学生在自我学习中都能找到真正适合自己的方法，从而慢慢找到信心，逐渐养成热爱锻炼的习惯，从而促进自身的进步与全面发展。在教学实施中可将评价内容进行分类，将内、外部评价相结合；定量、定性评价相结合；起始性、过程性和结果性评价相结合；自评与他评相结合。将教学评价发展成为帮助学生进行最初了解、过程总结和最终改善的体系，将可持续发展进行到底。

## 三、"快乐"体育指导思想

### （一）基本内涵

"快乐"一词是快乐体育指导思想的核心，显然快乐体育指导思想的教学主旨是学习体育运动和收获运动过程的欢乐的融合。毋庸置疑，这是体育教学为满足学生身心发展需要而存在的内在追求。快乐体育内涵的实质是指不再过分单一地追求运动结果和成绩，而是转向注重学习运动技能的过程，使学生在运动过程中体会到学习体育运动的兴趣和乐趣，在体育运动中既能获得健康的躯体和心理，又能体会体育运动带来的精神愉悦。快乐体育注重人的情感状态，本质特征为"寓教于乐"，关注学生体育运动过程中的内心体会，促使学生在进行体育锻炼时能够真正体验到运动乐趣，在快乐的情感体验中掌握体育运动的知识、技能和技术。

快乐体育指导思想的含义不能简单地从字面意思来解读，快乐虽然是快乐体育的核心内容，但是快乐的定义绝对不是简简单单的开心、快乐，而是在掌握体育技能、技术的同时，感受身体练习时所获得的快乐情感体验。快乐体育指导思想倡导对学生进行完整的人格教育、体能教育和智能教育，使学生在进行体育运动时体验身体练习带来的快乐。这种体验能激发学生对体育运动的热情和兴趣，使学生真正地爱上体育。但是快乐体育指导思想下获得快乐的情感体验并不代表学生进行身体练习时是没有痛苦的，而是注重身体练习后所收获的克服困难、完成体育动作的内心喜悦。

### （二）快乐体育思想的影响

#### 1. 教学目标融合心理愉悦感悟

快乐体育指导思想下的学校教育重视育人，在指导思想的影响下学校的教学目标从注重体育成绩、结果的固定性目标，转向遵从认知、情感、行为三种心理活动的意义融合。其教学目标还在之前的基础上提倡和终身体育相结合，主张在快乐体育思想的指导下，学生进行身体锻炼收获快乐和运动乐趣，帮助学生真正体会到体育的魅力，推动学生树立终身体育观念。快乐体育指导思想符合当下我国时代的发展，提出之后受到我国体育界学者的普遍关注，快乐体育的出现对我国学校体育的教学实践活动产生了巨大的影响。

#### 2. 教学实践关注学生快乐体验

学生的情感体验是快乐体育在学校体育课程执行中的重要指标。在快乐体育指导思想的影响下，学校体育教学更加注重学生在进行体育运动时所获得的愉悦感和幸福感。帮助学生在完成体育运动的过程中收获自信和快乐，学生参与体育课程不再单纯地为了应付学习，为了考试和获得高分而运动。这种体育指导思想的提出，改善了之前体育教学模式的枯燥和乏味，在很大程度上提升了学生对体育课的喜爱程度。在关注学生快乐情感的体验中，培养学生乐学、好学的态度，充分培养学生的个性特征。

#### 3. 教学模式满足学生实际需要

学校体育教学模式在课堂实践过程中发生了质的改变，在快乐体育指导思想的影响下，体育教育模式从重视教师的教育过渡到注重学生的学习、注意力和人格魅力。传统的体育教学观认为，学生只是一个学习的客体，参与学习的方式也只有机械地接受教师所教授的内容。这种教学认知因为忽视了学生在课堂中的主体地位，故而极易磨灭学生学习的积极性、主动性和创造性。然而，在快乐体育指导思想的影响下，体育课堂中以学习学生喜闻乐见的运动项目为主，注重促进并开发学生的运动兴趣。在课程内容设计、课程内容开展以及课程评价体系中，不仅要考虑教师的素质能力、知识储备、教学能力等外部因素，还要充分考虑学生的兴趣、能力、学习感受等内部因素以及学生对教材的适应性和适应程度。

### 4. 教学方法凸显学生内在感受

快乐体育指导思想影响着体育教学方法的转变，以往的体育教学第一步是设定教学目标，教学过程以达到教学目标为目的安排教学内容、选择教学方式，其教学评价体系也是以实现教学目标而严格制订与推行。这样的教学方法过于生硬刻板，完全不考虑学生的能力基础和学习能力，最终造成"体育基础能力较好的学生失去了学习的兴趣，基础能力不够好的学生完成不了教师的要求"这种两极分化的现象。在快乐体育思想指导下，学校体育的教学方法转变为以学生的身体发育水平以及学生的基础能力为参照标准，更注重学生在学习过程中所获得的主观感受和心理上的享受。这种教学方法的改变让学生在身体锻炼的同时，享受到了体育运动的乐趣，在很大程度上提高了学生对于体育运动的热爱程度。

### （三）快乐体育思想的改革路径

#### 1. 辩证理解"苦""乐"内涵

深入而正确理解快乐的内涵，快乐并不是没有痛苦，体育锻炼就是要通过体育运动的练习来促进身体健康、增强体质，这个过程肯定是伴随着辛苦的，但是过程辛苦并不代表着没有收获快乐。快乐体育指导思想中所强调的快乐的获取是指学生在进行体育技能学习时，经过自己的努力而获得体育技术的幸福感，这种自己努力的过程和经过努力而获得的结果才是快乐的来源。教学实践要在正确地理解快乐体育内涵的前提下才能进行教学目标和内容的设定，在保证正确的教学方向的情况下融入快乐教学。这就要求我们在快乐体育指导思想执行的过程中透彻理解快乐的含义，处理好"快乐"与"努力"之间的关系。

#### 2. 把控学练过程，感悟快乐体验

帮助学生在课堂中掌握教师所教授的体育动作是最基本的教学目标，而技术动作的掌握需要依靠足够的操练来实现，所以充足的练习对掌握所学动作而言是非常重要的。练习作为课堂中的重要组成部分，组织方式的有效性对练习的质量是至关重要的。在教学中引入快乐练习法，使学生可以享受体育课程带来的乐趣，并且能够更好地完成体育教学目标。比如，在进行啦啦操的教授时，教师教授动作技巧后会让学生进行自主练习，这样的自主练习导致基础好的同学觉得没有练习的意义，基础差的同学跟不上节奏。此时可以采用快乐练习法，给学生布置所学动作创编分组，这样基础好的同学对于创编内容可以大展拳脚，基础差的同学也可以对所学的技术动作进行反复练习，以达到完成教学内容的既定目标。

### 3. 丰富教学方法，助推快乐体验

快乐体育指导思想注重学生快乐的运动体验，可以在体育教学中运用体育游戏来帮助学生获取，学生在游戏中既能获得快乐的游戏体验还可以学习体育技术、技能。在体育教学中合理地利用游戏教学法会激发学生对于运动的兴趣，使教学过程变得轻松和快乐。游戏教学法可以训练学生的肢体协调程度、加强学生的心理承受能力，还可以培养学生的合作、上进和竞技意识。合理地利用游戏教学法可以帮助教师完成教学任务，缓解学生的学习压力，还可以在游戏的过程中让同学们互相了解、熟悉彼此，建立良好的人际关系。

## 四、"健康第一"体育指导思想

### （一）基本内涵

1946 年，WHO（世界卫生组织）界定了健康的概念："身体没有病症，不衰弱并不代表健康，健康是身体、精神和社会适应三个维度的统一。"[①] 而到了 1989 年，WHO 将健康重新定义为："健康是一个人在躯体健康、心理健康、社会适应良好、道德健康四个方面都健全，才是完全健康的人。"历经半个世纪的发展，随着我国时代、科技的进步，健康的定义也被赋予新的价值观念，主要包括身体健康、心理健康、社会健康和道德健康四个层面。

1979 年，我国重新恢复了在国际奥委会中的合法地位，为了更好地提升我国的体育竞技水平，制定了"竞技体育"优先发展的战略，健康第一指导思想被赋予了新的内涵。2001 年，"健康第一"指导思想的再次提出是针对素质教育思想的添加和完善，它涵盖了"全面发展、抵制应试教育、完善素质教育、帮学生减负"等方面意思，是新时代的学校教育指导思想。

### （二）健康第一体育思想的影响

### 1. 体育教学注重传授健康知识

健康第一指导思想是涵盖体质和心理两个维度的理论思想，强调以人为本。以"社会、生理、心理"三维健康观为支点，强调体育促进身心健康、增强社会适应能力、获得知识与技能的功能。健康第一指导思想的执行表明了我国的教育目标，顺应了中国当代教育的发展规律。伴随着健康第一指导思想的执行，各学校体育教育的重心偏向于培养学生的体育与健康意识。学校体育教学目标在发展学生身体素质的同时，还应满足学生心理健康发展的需要。在教学实践过程中提高学生身体素质的同时更加注重非智力因素的教育，教学评价指标也趋向多样化，从爱好、情绪、动机、态度和价值等方面建立了多重评价

---

① 杨铃春，高扬，王翔宇，等. 习近平关于体育工作重要论述的内在逻辑与时代解读［EB/OL］. 体育与科学，2019（05）：1-7.

体系。

## 2. 学生体质健康状况明显改善

在我国学校体育贯彻健康第一指导思想后，青少年的体质健康状况出现了明显的提升。健康第一指导思想的执行在很大程度上改善了我国学生的体质健康状况，也证明了我国贯彻健康第一指导思想是正确的，并且取得了理想的成就。

### （三）健康第一思想的改革路径

#### 1. 端正学校体育的作用价值

体育分为学校、社会、竞技体育三个范畴，学校体育只是其一，但是如今人们习惯于将青少年体质的孱弱归咎于学校体育。学校体育主要是体育教育功能，但在现实中人们总是从大众社会的角度去审视学校体育，使学校体育教育脱离了本质。在学校教育这个互相联系、密不可分的大系统中，德、智、体都是促进学生健康的相互作用的重要因素。学校要端正教育思想，长期以来，应试教育笼罩下的学校教学评价都是以升学率作为评价标准，使学校体育卫生工作被忽视。保证学校体育卫生工作的开展不仅有利于学生发展自己的特长、丰富课余文化生活，还可以促进学生放松身心、劳逸结合，更好地提高学习效率，而且对于进一步助力学校体育工作的开展具有重要的意义。

#### 2. 改革教学内容和评价体系

在学校体育教育中，针对健康第一指导思想的实行，学校应该组织体育与健康课题研究小组，在保证教学实践者充分、深层地了解掌握健康第一指导思想的基础上，将健康第一指导思想融入体育教学活动中，根据学生年龄差距、身心发展的规律制定不同的教学内容。教学内容的制定要精选内容，体育知识、体育技术技能、心理健康和社会适应等方面的内容都要有所涉及。还要建立多元化的教学评价体系，实现评价理念的流动性、评价方式多元化。根据新的政策和指导思想的标准，改革课程体系，研制出符合健康第一指导思想的课程标准。

# 第二节　体育教学思想的应用

## 一、终身体育思想在高校体育教学中的应用

### （一）终身体育教育思想与高校体育教学的关联

#### 1. 终身体育教育思想内涵

终身体育教育思想是立足于体育学科，在全民健康发展视域下提出的思想，进一步明确体育教学对大学生体质、身心发展的重要性，并以体育教学的良好开展，助力于大学生

发展，使大学生热爱体育，在体育项目中获取一项自身喜爱的运动项目，以此项目为导向，作为自身终身发展的运动项目。体育不仅在个体体质发展中具有促进意义，同时，在个体思维、心理、意志力、品质等培养中也发挥了重要作用。终身体育教育思想贯穿于大学生未来发展的方方面面，使大学生通过体育锻炼，提升大学生的体质与体能，提升大学生的身体素质，从而促进教育领域更好地践行健康第一思想，进而达到全民健身的社会发展态势。

### 2. 终身体育教育思想特点

终身体育教育思想具有自身独有的特性，也可融入教育领域，与体育教学融合，推动体育教学的革新。首先，其具有终身性。终身体育教育思想从个体兴趣层面出发，使个体热爱体育项目，并加以针对性的引领，使个体认知到体育项目对自身发展的重要性，并将其作为终身发展、运动的一项技能，在业余时间开展相关的体育项目，使这些技能成为自身终身发展的有力支撑。其次，具有多元性。体育项目多样，而终身体育教育思想也具有多元的特点，其主张个体根据自身兴趣，在自主性、群体性体育锻炼中，选择体育项目，以形成良好的体育锻炼模式。再次，具有明确性。终身体育教育思想在个体实践中，有明确的锻炼思想，就是促进个体身体健康发展、身心健康成长。最后，具有全民性，只要喜欢体育项目的人都可以参与体育运动，享受体育运动的快乐，培养体育运动能力、素养和思维信息。

### 3. 终身体育教育思想与体育教学联系

终身体育教育思想与高校体育教学是相辅相成的关系，从教育层面而言，两者相互促进融合，共同促进高校教学的革新。终身体育教育思想是在素质教育理念下提出的重要思想，在践行中，要依托体育教学场地，发挥体育育人功效，将终身体育教育思想循序渐进地传递给大学生。大学生认识到体育教学的本质，积极主动地融入体育活动中，从而进一步将终身体育教育思想贯穿于体育锻炼中，树立终身体育锻炼观念。从高校教育层面而言，终身体育教育思想对高校体育教学起到引领作用，其与体育的教学思想、观念一致，能助推高校体育教学的进一步开展与实施，能够提升高校体育教学质量，培养大学生终身体育的思想观念。总之，终身体育教育思想与高校的体育教学是体育学科中的重点内容，两者在教育实施过程中缺一不可，只有两者相互促进才能够更好地教育、引领大学生发展，凸显高校体育教学实施的价值性。

### （二）终身体育教育思想的高校体育教学改革价值

### 1. 优化高校体育教学体系

在高校体育教学改革中，将终身体育教育思想融入其中，起到优化高校体育教学体系的功效。首先，促进高校体育教学思想观念的转变，树立终身体育教育思想观念，以此调整体育教学方式、模式以及内容，并传递终身体育教育思想观念，提升教师以及大学生对体育终身思想的认知度，进而达到培养教师与大学生体育终身锻炼意识与观念的目的。其次，将终身体育教育思想融入高校体育教学中，发挥体育评价教学功效，提升体育评价教学质量，以评价教学的良好开展，为高校体育教学的实践指明方向，不断地增强大学生体育学习能力。最后，高校体育教学在改革中践行终身体育教育思想观念，促进对其内容以及方式的变革，让体育教学内容呈现丰富性、多样性，并在有效的教学方法支撑下，培育大学生良好的体育素质，让大学生获取较多的体育终身锻炼信息，进而使体育成为大学生终身锻炼的项目之一。

### 2. 增强大学生体育自主锻炼性

在高校体育教学改革中，融入终身体育教学思想观念，能够增强大学生体育自主锻炼能力与意识。在以往教育观念的引领下，大学生体育教学的参与大多存在被动性，体育锻炼的自主性较为缺乏，这不仅影响大学生终身体育思想观念的培养，也不利于大学生身体素质的提升。而以终身体育教育思想为引领开展的高校体育教学模式，能以多元丰富的体育教学内容模式为导向，有针对性地培养大学生的体育运动兴趣，帮助大学生在众多体育项目中找到喜爱的项目活动，使大学生喜好体育运动；之后教师根据大学生的体育兴趣点，给予大学生针对性的教育，包含体育项目知识、体育项目技能演练以及体育文化引领，让大学生对自身感兴趣的体育项目具有更多的了解，以此培养大学生的体育终身运动思维，不断地增强大学生体育自主锻炼能力。

### 3. 培养大学生体育核心素养

在高校体育教学改革中，终身体育思想观念的融入，助力大学生体育核心素养的培养。素质教育理念下，大学生德、智、体、美、劳全面发展被提上日程，体育教学在大学生美育、德育、智育方面都发挥着不可替代的功效。然而，高校以往的体育教学实践力度不强，也影响了大学生体育核心素养的培养。而将终身体育思想观念融入高校体育教学，有利于加强对大学生的引领与教育，为大学生提供良好的体育教学场景与氛围，促使大学生进行体育锻炼，从而促进自身思维能力的提升，以此形成培养大学生核心素养的良好模式。

## 二、以人为本教学思想的应用

### （一）以人为本教育理念的概述

在现代社会环境下，经济的高速发展使得人对物质的追求和依赖显著上升。这种追求和依赖导致高等教育呈现出一定的"物化"倾向。然而，现代社会正处于"知识经济"的时代，如果继续沿用"一切为经济服务"的发展观，会导致人们难以从生产活动转向知识的生产和创新的全新阶段。为此，高校应摒弃陈旧的教学观念，坚持以人为本的教育理念。在教学过程中，以学生为核心，尊重学生的教学主体地位，在契合现代教育发展规律的同时满足教育转型发展提出的新要求，为高校教学工作改革拟定新的方向。在以人为本的教育理念下，教育工作要符合学生的身心特点和发展规律，以促进学生综合素质的全面发展为目标，树立终身发展意识，通过改善学习环境，充分发挥学生的主观能动性，帮助学生实现个人价值和社会价值。在高校体育教育中融入以人为本的教育理念，要求教师高度关注学生的个性与人格，通过促进学生间的交流合作拉近师生间的心理距离，使学生能够在体育锻炼的过程中促进身心健康和谐发展。

**（二）以人为本理念下高校体育教学的基本要求**

**1. 目标要求**

在以人为本的教育理念下，体育教学目标需要充分突出学生的主体性作用，重视学生个人的运动偏好与发展需求，促进学生运动技能、身体素质和积极心态的全面发展。根据布鲁姆教学目标分类学，体育教学的目标领域包括认知、情感与动作技能三个领域，分别反馈出学生对体育知识的掌握水平、体育价值观与体育技术动作。因此，以人为本理念下的体育教学目标应围绕着认知、技能、情感和运动负荷四个维度，充分发挥出体育教学强身健体、锻炼意志、提高技能的功效。

**2. 内容要求**

传统教学模式下，由教师制订的教学规划，使得学生往往不具备学习的选择权，无论是学习内容、学习方式，还是学习进度均由教师控制，学生的自主学习空间很少。在以人为本的教育理念下，体育教学的选择权应从教师转向学生，让学生根据自己的身体状况、兴趣爱好、运动基础和特长来选择运动项目，提升体育教学的可接受性与教育性，让学生养成正确的运动习惯。为此，体育教学内容需要满足以下几方面要求：其一，娱乐性，体育教学内容需要能够满足学生的娱乐需求，从而调动其学习积极性；其二，创新性，体育教学内容需要满足学生创新能力与创新精神提升的需求；其三，实用性，体育教学内容需要强化与现实生活的联系，提供能为学生终身运动所需的教育内容；其四，灵活性，体育教学内容需要给予学生较高的弹性和自主选择空间，从而让学生选择更适合自己的运动项目。

**3. 方法要求**

在以人为本的教育理念下，高校体育教学的教学方法要求主要表现在以下几方面：首先，现代化教育要求教师与学生在知识流、情感流、信息流等方面实现融合，要求所采取的教学方法充分发挥学生的主观能动性，让学生主动投入学习。其次，教学方法需要突出学生的个性问题，贯彻因材施教的教育理念。教师应重视不同学生的差异化特点，结合其身体状况、运动经历、运动偏好、具体要求与未来发展诉求，采取具有针对性的教学方法，确保至少绝大多数学生能够接受适合自己的体育教育，为其个人发展提供支持。最后，应树立以人为本的教学评价体系。现有的体育教学评价体系仅是对学生课堂参与情况、体能与基础运动技能进行评价，缺乏对学生观念和意识的评价。与此同时，教学评价存在过于注重共性而缺乏个性的问题。共性是国家标准对学生综合能力的统一要求，但学生作为独立的个体，必然有其不同于共性标准的个性目标。为此，体育教学评价应综合绝对与相对评价，将过程性与形成性评价有机结合，真正发挥出教学评价结果对学生的激励和引导作用，让学生明确自己在一段时间内取得的成果与不足，从而找到未来的努力方向，真正发挥教学评价对教学的积极影响。

4. 环境要求

作为教育的组织者和引导者，教师需要根据教学内容及其实际需求调整教学环境，发挥出环境对学生潜移默化的影响作用。在以人为本的教育理念下，高校体育教学环境既要加强对器材、场地等硬环境的建设，又要通过人性化和民主化加强软环境的建设。从硬环境建设的角度来看，如运动器材、场地等是学生高效运动的重要前提，只有为学生提供充足的器材和舒适的场地，才能让学生在与运动融为一体的同时，感受运动所带来的乐趣。而从软环境的角度来看，师生间的人际关系会直接影响课堂氛围。既有的教育经验现实，教师对学生足够关爱，学生也会用良好的教学效果回馈教师。如果对顽劣学生或差生循循善诱，则有可能将其培养成为课堂骨干，反之则容易加剧其逆反心理。因此，体育教师应与学生构建平等的师生关系，经常与学生互动，并给予其足够的热情与关爱，从而形成良好的体育课堂软环境。

**（三）以人为本理念下的高校体育教学改革**

1. 教学目标

高校体育教学目标需要确保多样性与全面性。从多样性的角度出发，为了达成高校体育教育的根本目标，在以人为本的教育理念下，要高度重视不同学生的个体差异，并尽可能满足学生的多元化需求。体育教师需要根据每个学生的特点和实际需求，制定多个体育教育目标，落实因材施教的教育理念，让不同学生能够得到充分的体育锻炼，促进学生综合素质的全面发展，同时有效激发学生的运动潜能。当既定的教育目标得到满足后，教师可以根据学生的体能情况适当提高目标，让学生在不断实现目标的过程中获得成就感和满足感，从而通过提高体育运动兴趣，促进运动技能与体能的全面发展。从全面性的角度出发，体育教育应注重学生身体各部位乃至各器官的全面发展，综合提高其体能素质与运动水平。为此，在教学目标的设计上，不应集中于某项身体素质的锻炼，而是要让学生的体能、情感、性格与人格全面发展。

2. 教学内容

教学内容的设计需要在分析教学目标的基础上，结合学生的身心特点选取合适的教学方法。在以人为本的教育理念下，体育教学内容的设计需要坚持以下几点原则：首先是具备多样性且易于被学生接受。体育教学内容的多样性能够满足不同学生多元化的学习需求，尊重其个性化差异。体育运动项目不仅局限于竞技体育项目，还包括具有娱乐性的运动项目。在运动项目设计中，需要确保易于为学生所接受，避免因讲解超出学生接受范围之外的专业性内容而影响教学质量和教学效率。其次，需要注重知识和方法的传授。在体育课堂上，学生不应只是简单地进行体育锻炼，而是要以知识和方法的学习为主，在课余时间才以体育锻炼为主，避免方法与实践的喧宾夺主。

## 3. 教学方法

不同教学方法有其对应的适用范围和应用特点。教学方法的选择应具备针对性，能够根据学生需求与教学内容而进行灵活更替，使教学手段与教学内容、环境等共同作用于教学目标，在满足学生身心发展需求的同时，通过灵活选择教学方法，提高方法的针对性。与此同时，体育教学方法需要侧重教师和学生的共同参与，通过选择具有合作性的教学方法，发挥出学生教学主体的作用，鼓励学生积极投身于运动之中，进而有效提升体育教学效果。

## 4. 教学设计

教学设计需要根据教学目标的需求，结合学情分析的结果，对教学过程中涉及的各类要素进行统筹的分析与规划。教学设计要使用系统方法，借助教学理论与学习理论，应对教学过程中所出现的各类问题。以人为本的教育理念重视学生的主体性作用，需要对学生的学情进行分析，根据学生特点进行符合其身心健康全面发展的教学设计，在激活学生体育运动热情的同时，激发学生的运动潜能。

## 5. 教学评价

教学评价不仅要做到对教师和学生的评价，还需要对内容、方法、环境、管理等与教学直接相关的各类因素评价。在以人为本的教育理念下，需要用形成性评价取代过去以分数为评价标准的终结性评价，通过定量分析与定性分析相结合的方式，评价学生在一定时间内的提升水平和对教育的满意度。同时，评价标准需要包括体育理论、体能状况、运动技能、健康水平等多个角度，并采取学生自评、学生互评、师生互评、教师评价等多种评价方法，确保评价结果的科学性与准确性，避免受教师单一主体评价的主观意志影响。

## 三、快乐体育教学思想的应用

### （一）快乐体育与高校体育革新之间的关系

#### 1. 快乐体育与高校体育课程革新是不可分割的整体

不管是快乐体育还是高校设置的体育课程，都是把健康放在了首要的位置。有了这一共同目标，快乐体育和高校设置的体育课程之间就变成了一个不可分割的整体。所以，在未来的高校体育课程革新中就可以完美地将快乐体育融入课程设置的规划当中。

快乐体育和高校课程革新的目标一致，都是在保证健康的前提下，使学生以积极向上的态度完成相关的体育课程，在快乐中锻炼身体、增强体魄，促进学生德、智、体、美、劳全面发展，培养学生进行体育运动的态度、兴趣、习惯和能力，为坚持终身锻炼打下良好的基础。二者不管是在培养的方向还是方法及最终的目标上都高度吻合。在具体实施的过程中，应认真贯彻国家所倡导的教育理念和政策，积极推进素质教育；同时，要保证学生上体育课的频率，发挥教师应该承担的角色作用，不断完善学校的体育配置，也要不断提高学生锻炼过程中的安全系数。要想实现快乐体育，就必须在课程的教学方法和内容上下功夫。快乐体育和课程规划相辅相成，最终完成国家所倡导的素质教育的目标。

### 2. 快乐体育和高校体育课程革新相互融合

快乐体育虽然并不能够代表高校体育课程革新成功，但是，这二者之间是可以相互嵌合的，也就是要在体育课程上将快乐和革新融合在一起，在快乐体育的基础上不断创新，在体育课程的革新中融入快乐。

快乐体育也是高校体育课程革新的重要体现，体育革新时将快乐融入课程内容中，可以扭转学生对体育课程内容枯燥的刻板印象，让学生在体育课上能够充分感受体育的魅力，并以极大的兴趣完成课程内容，从而在提高教学质量的同时增强学生的身体素质。

快乐体育的运动也可以与传统的体育课程进行优势互补，传统的体育课存在课时少、运动量小的缺点，而快乐体育可以将体育贯彻在学生的日常中，如利用课余时间主动进行身体锻炼，既增加了学生的运动量，也能够使学生在不断的锻炼过程中感受到体育的魅力和乐趣。

除此之外，快乐体育对于场地的要求也是没有限制的，也就是说学生无论是在家还是在社区，或者是在学校，都可以利用身边的体育器材进行体育锻炼。

### 3. 快乐体育与高校体育课程革新之间互为目的和途径

快乐体育必须通过高校体育课程革新来实现，高校体育课程革新也必须在学校、政府和社会的共同努力下才能够推进和完成。其中，学校扮演着最重要的角色。除此之外，父母的体育观念也在潜移默化地影响着学生，如果父母的体育观念非常积极，学生在体育锻炼过程中一定也是积极主动的。政府和社会各界人士对快乐体育的宣传也是至关重要的。因此，推动高校课程快乐体育的革新离不开社会各界共同的努力。

### （二）快乐体育引导下高校体育教学改革

### 1. 树立体育锻炼的目标，更新体育教学的思想理念

高校体育课程的革新要有一个清晰的目标，即"锻炼身体，强健体魄"。各大高校要

在这一思想理念的指引下，通过让学生主动锻炼来促进学生的身心和谐健康发展，改变以往被动学习的现象，使学生热爱学习，注重学生身体和心理的全面发展。在这一理念的指导下，学校应该积极配合教学思想的转变，放弃之前"重项目，重竞技"的教学理念，树立健康快乐的体育观念，让学校的体育课程更加符合当今时代的发展趋势，让学校培养出更多符合国家要求的高素质人才。

2. 加快构建高校体育课程新体系和课程评价体系

高校体育课程在过去相当长的时间里是以运动技术为主体，并遵守这个客观规律，在不同的时代背景下，对学生的身体素质发展起到了重要作用，也做出了较大的贡献，这是不可否认的事实。但在日新月异的今天，以前的体育课程已经不能够满足当今社会发展的要求，时代的进步促使对体育课程新体系进行革新。

在健康第一和快乐体育的指导下，构建新的课程体系，首要的就是改变以竞技为最终目标的传统体育课，将竞技和成人化教学理念逐渐淡化。除此之外，要大力推广实用且能够达到锻炼身体效果的体育内容，还要不断更新和补充体育课理论。

新时代的高校体育课程革新，要秉持着"重视过程，不断推进"的课程理念，不断丰富体育课程内容，并且建立完善的评价体系，在以健康为本的前提下，达到提高学生身体素质的同时，对学生的意志品质和个性及合作精神等进行全方位的锻炼，不断激发学生的潜能，磨炼学生的抗压能力。这能够按照学生间身体素质的差异来进行合理的评价，保证不同体质的学生都能得到客观评价，既要注重对结果的评价，也要注重对过程的评价，建立一个比较全面的评价体系。

3. 以快乐体育为前提，注重学生身体素质和终身体育意识的培养

学校体育在提倡快乐教育的同时，不可避免地会忽略对学生身体素质和自身品质方面的培养。因此，培养学生的自主锻炼能力，是学校体育教学的首要目的，也是学生养成终身体育意识的根本。自主锻炼能力和常规教育的结合是问题的根源。要想实现结合的目标，不仅要传授学生运动技能，还要培养学生的认知能力，让学生明白锻炼的意义和作用，激发他们的学习动力，使学生积极主动锻炼，同时也要培养学生对自主练习次数、时间、强度的控制能力，这将使学生终身受益。

4. 高校体育课程的革新要因地制宜

体育是一种文化，传播这种文化需要不同的媒介，而学校就是最好也是最重要的传播媒介。学校对体育文化的传承有着不可推卸的义务和责任。在传播体育文化时，要充分结合每个地区的特色，将体育资源进行充分的利用，只有因地制宜，才能够将各个地区的体育文化进行更好的传播。体育课程内容要"民族性与世界性相结合，弘扬我国民族传统体育，汲取世界优秀文化体育，体现时代性、发展性、民族性和中国特色"。所以，各大高校在设置体育课的内容时要结合当地体育文化的特色来进行。要让每一个地区的体育文化

都有自己的风格和特点，对其进行创新与发展，去其糟粕、取其精华，使其顺利地延续。地方优秀的传统体育项目走进课堂，不仅可以丰富学校体育课程建设的教学内容，也能够使学生快速吸收和掌握所学内容，这对学生体育意识的培养也是一个良好的启蒙和开端，能够进一步推动快乐体育理念的传播。

## 四、健康第一教学思想的应用

### （一）高校体育教学改革思路

#### 1. 树立健康第一指导思想

正确认知健康第一理念，培养德、智、体全面发展的人才，为社会主义现代化建设提供高素质的人才。社会的发展对人才质量提出了新的要求，现代科学技术的飞速进步使得体育理念、体育教学理论、教学方法、教学评价等不断变化和发展，高校公共体育的教学改革要淡化传统"竞技运动"的教学模式，树立健康第一的指导思想，体现"以人为本""增强体质""终身体育"等内涵，从而促进大学生身心全面发展。

#### 2. 体育教学应遵循因地因时制宜原则

高校应根据学校的实际情况，因时因地制宜进行公共体育教学改革。因此，高校在公共体育教学改革时，可以根据高校自身的办学特点以及所具有的人力、物力、财力资源进行改革。例如，充分利用有体育特长的教师、学生等，充分利用校内外场地设施、自然资源等，始终围绕健康第一理念，开设具有学校办学特色的课程。

### （二）健康第一教学思想引导下的高校体育教学改革策略

#### 1. 健康第一理念指导体育教学

首先，健康第一理念的提出与我国大学生身体状况的实际状况相迎合，更是实现现代化教育的基本诉求。现代大学生的身体素质下降十分严重，肥胖、超重以及视力不良率也在不断提升，这不仅会严重影响学生的学习，并且对学生未来的生活以及工作都会产生影响。站在长期的角度进行分析，必然会对我国新生劳动力的素质产生影响。因此，高校开展体育教学改革的过程中，应当将健康第一的理念充分贯彻落实在教学中，提升教学质量，为学生的长远发展提供充分的保障。此外，健康第一理念的落实还需要依托于终身体育以及素质教育。体育教学的最终目标就是健康，但是健康不仅包含身体方面，同时还包含社会以及精神层面的因素。

其次，为了充分实现大学生的健康教育，则应当高度重视素质教育。大学生树立起良好终身体育意识有着十分重要的作用与意义。因此，"终身体育""素质教育"与"健康第一"理念之间存在着密不可分割的联系，为了保障健康第一的教育目标真正实现，还应当切实做好终身体育以及素质教育。相应地，只有始终坚持健康第一理念才能实现素质教育和终身体育。

最后，在开展日常教学的过程中，为了充分保障健康第一理念得到落实，应当重视课程评价、课程建设、教学方法、课程内容、结构、设置以及目标等多个方面的创新与改革，将健康第一的理念充分地体现在教学过程中，创造良好的条件，真正实现大学生的全面健康发展。

### 2. 完善课程设置和结构

当下在进行体育教学的过程中，很多高校的课程设置基本上都是以教育部的要求为准，体育课程是大一与大二的必修课，对于大三及以上的学生则是选修。我们应当积极改变这种教学模式，大学体育作为"终身体育"的组成部分之一，现代体育课程的基本要素就是确保体育课程的延续性。只有充分保障其自身的延伸性才能够将健康第一的宗旨充分贯彻到实处。因此，在开展工作的过程中，要适当地增加大学一二年级学生体育课的时长，为学生的锻炼时间提供充分的保障；而对于大三以上的学生，则应当重新将体育课作为必修课，在课时设置的过程中可以适当地减少课程时长，以此保障高年级学生对于体育的学习需求得到充分的满足，对学生身体进行有效的锻炼。

首先，在安排课程时，教师不但要重视课堂内与课堂外的教学活动，还应当在做好本职教育工作的基础上促使学生牢固地掌握基本体育知识与技能，在这种教学模式下，组织学生开展体育锻炼以及校外体育活动，对教学内容以及形式进行拓展。

其次，每一次的实践都不能脱离科学的理论指导，体育教学也一样。要提高学生锻炼的自觉性，需要增设体育科学技术的理论课时，从而促使体育科学理论教学内容进一步深化，以保障学生对于体育科学技术的认知范围得到拓展，充分激发学生积极参与体育锻炼的自觉性，助力学生健康成长。

最后，教师需要充分发挥主导性。目前体育教师在授课的过程中，主要作用是发挥教师和学生的主体作用，开放式、探究性的教学，教师的主导地位和作用在课堂中体现得较少。在体育教学的课堂中，教与学是冲突的。这一矛盾双方之间的地位可以相互转换，但是"教"又是矛盾的组成部分，决定着"学"的好与坏。所以，体育教学中教师的主导性具有十分重要的价值。即使是在"三自主教学"的大背景下，学科教师的有益指导仍发挥着重要作用。高校也要针对情况特殊的学生，有计划地开设卫生保健、康复课等多门课程，增强他们的体质，真正实现健康第一的教学目标。

### 3. 完善课程内容，改进课堂教学手段和方法

在教学内容方面，要真正反映健康第一，还应该注意做好各阶段教学内容的衔接，避免不必要的重复。可以将少数民族的优秀传统体育艺术内容纳入体育教学中，积极开展太极拳、五禽戏等优秀传统的体育艺术活动教学，在弘扬中华民族优秀传统的同时也能达到"健康"的宗旨。同时，体育教学也可以吸取和借鉴西方国家的体育文化精髓，充实体育

教学课程。另外，要不断完善和创新教学手段，形成个性化、多样化的教学方式，鼓励不同班级的学生进行互动和交流，从而提高学生自主参与的积极性。如牡丹江师范学院开展了"同助教学法"（在教师的主持下，学生在课堂上互相帮助、纠正、激励、启发，课后互相辅导、同学之间进行切磋的一种互帮互学的教学方法），在实际教学中，这种方法可以产生良好的教学效果，值得学习。

### 4. 增添体育设施，改进考评办法

首先，体育设施的建立是进行体育课堂教学的基础和条件。目前，许多高校，尤其是二类和三类的高校，体育运动的场地、器材已经远远无法适应这一时期体育课程建设的需要。因此，我们必须利用各种形式及时采取切实的措施，加大体育课程教学的资金投入，确保体育课程正常运行的同时提高教学质量。

其次，要继续完善和不断创新考评指标管理工作办法，从而确保各项考评指标内容更加准确符合健康第一等指标要求。在评定方面，可借鉴湖北高等师范学院的做法，按照学生的基本身体状况及心理健康情况，良好占50％、技能水平达标率较高占30％、理论学习成绩优秀占20％、学习态度良好占5％的评定标准进行评定。考评政策也是课堂的教学的"指挥棒"，可以有效地促进和推动教学效果。如果把握好了考评的工作，体育教学的最终目标也会随之顺利地得到落实。

# 第四章　高校体育教学的模式构建

## 第一节　体育教学模式概述

### 一、传统体育教学模式

传统体育教学模式在我国是一种最具有代表性的体育教学模式，一直受到体育教师的青睐。受"主智主义"的教育思想影响，在教学方面强调基本知识、基本技能和基本技术教学的传授，以运动技能教育观为指导思想。教学过程通常划分为开始部分、基本部分和结束部分，在课堂教学中教师按照教学大纲首先提出教学任务与目标，使学生了解要做什么，通过讲解法和示范法使学生在感性认识的基础上明确要怎么做，再用完整法、分解法、纠错法，在教师指导下，组织学生经过反复练习后逐步掌握运动技能，最后教师对学生的学习结果做总结性评价。传统体育教学模式是在教师的指挥下统一行动的，所以在师生关系上强调的是以教师为中心，教师是主导者，而学生只是接受者。正是由于教师的主导作用，教师可以随时控制课堂情况，在教学组织上严密控制教学的每一个环节，严格控制练习的密度和强度，有利于运动技术的传授，使学生有效掌握基本知识、基本技能、基本技术，对学生身体素质的提高也起到了积极的作用。但这种学习模式忽视了学生的主观能动性，使学生始终处于一种被动的学习状态，没有主动参与到体育教学活动中来。

随着新课改的不断深入，从最初加强体育运动，重视"三基"个性化，发展到现在重视健身和终身体育培养，单一的教学模式已无法满足现代体育教学改革目标、任务的多样化和学生对体育学习的需求，我们不能固守一种教学模式，使体育教学单一化、公式化，所以说体育教学模式的创新和转型是很重要的。当然，传统体育教学模式并非一无可取，我们要在沿用传统体育教学模式的基础上，结合新型体育教学模式研究成果，进一步地推动我国的体育教学改革。

### 二、体育教学模式的分类

近年来，随着人们生活水平的不断提高，也越来越重视健康观念，我国的体育发展比较迅速，但体育理论方面的研究并不是很好，尤其是体育教学模式理论研究较少。体育教学模式本是一个理论与实践相互依存的关系问题，至今为止，依然没有一个统一的标准。本书将体育教学模式的概念定义为，在体育方针政策的指导下为完成体育教学既定的目标而对体育教学活动过程的设计与创新，同时完善体育评价的综合过程。也可以将体育教学模式理解为一种教学过程与教学设计，最主要的目标是让学生产生兴趣和获得健康锻炼。

体育教学模式包括体育教学指导思想、单元教学计划、教学步骤及教学方法，它不是由几个要素进行简单相加的叠加态构成的，而是这些要素的有机结合。这些要素是相互作用且不能分离的，只有各要素环环相扣，协同发力才能使体育教学模式发挥其应有的作用。

体育教学指导思想就像一根主线，始终贯穿在整个教学过程中，阐述和指明了体育教学活动发展的方向，能够体现体育教学的本质特征，间接表明整个社会发展趋势。目前我国主要存在的体育教学指导思想有体质教育、技能教育、全面教育、竞技体育、快乐体育、终身体育等思想。单元教学计划包括单元教学的学习目标、学习内容、学习的重难点、单元大小以及教学实现条件等。制定单元教学计划，不仅可以凸显预期的教学目标，也能够让教学过程更加清晰，同时也增加了教学过程的流畅性。在确定教学思想并制定单元计划后，接下来便要列出具体实施的教学步骤，包括实物设置→提出问题→学生尝试性练习→讨论与分析→提出具体的练习方法五个小环节。体育教学方法是指体育教学过程中为实现教学目的、任务而采取的各种教学活动方式和手段的总称。教学方法的种类有很多，每一种教学方法都是为实现教学目标而设定的，因为体育教学的每一个步骤都需要有相应的教学方法来维系其程序的稳定性。

一个新事物的诞生与发展是一个非常复杂的过程，任何一个体育教学模式的产生都必须遵循一定的发展规律。只有在具备以上四个要素的基础上，才能形成体育教学模式，而且这四个要素之间应是相辅相成，相互作用，缺一不可的关系，这样才能达到预期的教学效果。

体育教学的功能是多种多样的，不同的教学模式、教学过程产生不同的教学效果，有的侧重技能提升、有的侧重情感体验、有的侧重提高身体素质，根据不同体育教学的功能，我们将体育教学模式创新成果分为三类：一是侧重技能学习的教学模式，二是侧重情感体验的教学模式，三是侧重提高身体素质的教学模式。由于当前各种体育教学模式种类众多，在内涵和名称上存在着交叉，从而造成理论和实践上的一些混乱，其中还有一部分体育教学模式的操作程序不够具体，所以我们在分类时，过滤了一些不太成熟的体育教学模式，重点对较为成熟的体育教学模式进行了分类。分类结果如表 4-1 所示。

**表 4-1　教学模式分类表**

| 教学模式类型 | 教学模式 |
| --- | --- |
| 侧重技能学习类 | 启发式教学模式、分组教学模式、程序教学模式、"三自主"教学模式、课内外一体化教学模式、多元反馈教学模式、目标教学模式、翻转课堂教学模式 |
| 侧重情感体验类 | 互动教学模式、领会教学模式、竞赛教学模式、角色互换教学模式、情景教学模式、成功教学模式、游戏教学模式、合作教学模式、快乐体育教学模式、探究式教学模式、多媒体教学模式、趣味教学模式、异步教学模式、小群体教学模式 |
| 侧重提高身体素质类 | 运动处方教学模式、"课课练"教学模式、模块式教学模式 |

其中，侧重技能学习类的教学模式主要以提高学生对动作技能的学习和掌握，促进学生运动水平的提升为主要目的；侧重情感体验的教学模式主要以激发学生对体育活动的兴趣，促进学生身体素质与心理素质的健康发展，培养学生的终身体育思想为主要目的；侧重提高身体素质的教学模式主要以增强学生体质，促进学生健康发展为主要目的；侧重提高身体素质类的教学模式较少，是因为身体素质的发展仅仅依靠体育课堂是不行的，需要学校、家庭和社会充分重视，以点带面，才能全面提升学生的身体素质水平。

新型教学模式并不是凭空构建的，而是在传统教学模式的基础上进行的，再结合实际问题，最后创造出新的教学模式。新型教学模式的构建为现代体育教学的发展找到了灵活、适宜、有效的方法。要改变学生的学习方式，就要使学习方式由单一性转向多样性，让学生在实践中学习、在思考中学习、在快乐中学习、在不断的练习中学习、在合作的环境中学习，让学生了解和掌握更多的学习方式和思考方式，体会学习的奥妙，使学生在收获知识的同时，体验学习的乐趣，获得多方位的发展。

综上所述，各种体育教学模式创新的目的都是为了更好地提升学生的学习效果和课堂效率，突出学生课堂主体的地位，让学生成为课堂的主人。

### 三、体育教学模式的内容

#### （一）教学内容具有时代性

高等学校学生发展较为成熟，可支配时间相对较多，这个时候就应该重点培养学生的运动技能，让学生主动参与体育活动。高校应该根据学生的能力和特点适当扩大可选择的运动领域和项目，通过学生自主选择的过程，使学生真正找到自己喜欢并且适合的体育项目，从而能够让学生主动地参与体育锻炼，积极地学习和掌握相关运动项目的知识、技术和技能，让学生真正知道如何进行体育锻炼，从而培养学生自我提高体育技能的能力。因此，在体育课程内容的设置上，应根据时代发展的特点和需求与时俱进。

## （二）教学内容具有发展性

现阶段大多数高校体育课程的内容依旧与中小学内容相差不大。只是在高校体育课程中应更多地从"终身体育运动项目"的概念出发，高校体育要和终身体育相结合，应当选择设置一些方便学生在毕业之后长期锻炼的体育项目。同时，现阶段的高校体育课程在设置上应当舍弃简单、重复的弊端。在课程的设置上，可以将学生所选项目分为基础班和提高班，避免学生在体育学习的过程中出现觉得所选课程难度太大或者过于简单的现象，真正让学生根据自己本身运动能力和技能水平来选择适合自身需求的运动项目。

## （三）完善体育理论

现阶段高校体育课程的理论课大多数停留在对体育课堂内容的介绍和技术方面的讲解，这虽然能够在一定程度上帮助学生增加对体育项目的了解，使学生在体育课的练习和课后锻炼中通过自己的运动体会，强化对所学内容的理解，但不是所有的体育活动都适合这一方式。高校学生应该根据实际情况去制订、调整锻炼计划，因此，高校应完善体育理论课的内容与范围，在理论教学中应加强体育知识、体育运动欣赏及运动康复知识的传授，使学生学会自我保护与护理，学会观赏体育比赛，看得懂体育比赛。

# 四、体育教学模式的方法

## （一）正确处理教师和学生的关系

就现阶段而言，大多学校的体育教学模式都存在过于强调教师的主导作用，学生主体地位不明显。近些年来，随着教师资质水平的不断提高和对教学模式的改进，这种状况虽然在一定程度上得到了改变，但是，相当一部分体育教师对发挥学生主体作用的认识仍然不够全面，认为"调动学生学习积极性"就是尊重学生主体的表现。学生主体地位具体表现在学生学习中的自我需求、自我完成和自我创造方面。其中，学生的自我需求主要表现为学生能根据现代社会发展的要求通过教师的教导以及自己在参与课堂教学学习的过程中，结合自身的实际情况，切实选择符合自己发展的目标，并且对教师的教学内容加以吸收和理解，从而达到实现自我完善的目的，学生自我完成以学生的学习态度十分明确和端正为参考，学生能够对自己的体育学习兴趣进行很好的调节和控制，不断追求完善，敢于突破，在课堂学习中和课后体育锻炼中不断地追求进步，从而实现自我突破和完善；学生的自我创造来源于自身发展的需求以及未来发展的需要，只有在有需要的前提下学生才会不断地去学习新知识，去追求完善。需要说明的是，强调发挥学生的主体作用，不是单纯地学习杜威教育思想，也不是对教师作用的全盘否定，反而是一种加强。同时，学校也应该重新认识与定义教师与学生的关系，要求教师在教学中从调动学生学习积极性的方面考虑，更全面地、立体地发挥学生在体育学习过程中的主体作用。

## （二）因材施教，尊重学生个性发展

随着社会的不断发展，各种新兴事物的出现，人们的生活日渐丰富起来，人们的个性也得到了极大的发展。教育水平也是随着社会的发展而不断进步的，现代教育也越来越重视每个人在接受教育的同时能够根据自己的实际情况获得提高与充实，从而达到个性发展的满足，高校体育教学同样也应该遵循这一基本的原理。这里我们需要强调体育个性，即学生在体育活动中展现出来对运动的自我掌握与调控等能力。目前，我国从中小学就开始推广阳光体育、健康体育，使每个学生都能参与到体育活动中来，并且通过体育课的学习和课外体育活动的参与，使学生找到自己的兴趣所在，真正发挥自己的优点与特长，这就更要求高校体育能够承上启下地为学生提供、创造充分发展个性的机会。因此，在体育教学中要通过教学活动和身体锻炼发展提高学生的个性，使他们积极享受体育活动所带来的乐趣，领略到体育的魅力，使每一个学生都能知道自己的水平和能力，这就是体育教学中的普及性。

第一，提倡"全方位的人际互动"。高校体育课不应只局限于课堂短短的两个课时，而应是全天候参与，无论是早操还是社团活动都应该有教师与学生的互动，通过课堂教学和课外活动的交流与反馈，教师能够及时地辅导与帮助学生真正掌握终身运动项目所具备的要求。课堂中，教师需要使用讲解、示范、纠错等方法手段让学生明白运动技能的重难点，而学生则通过教师的指导纠正自己的错误。在参与早操或者体育社团活动的过程中，学生可以进一步强化课堂内容，在时间更长的课外体育活动中能够更加充分完善所学运动技能，从而达到体育教学的目标要求。同时，教师对早操等的参与不只是作为监督者，而应更加深入到体育社团的管理中去，当学生遇到困难时，可以与学生共同探讨、共同解决，达到"全方位的人际互动"。如此一来，学生能够在学习过程中主动要求进步，自主探讨进步，并且教师也能够及时地给予帮助与指导。通过"全方位的互动"不仅能解决课堂时间短、学生达不到锻炼提高这一目标的困难，而且能够通过课余时间使教师与学生更多地接触互动，促进师生之间关系和谐发展，提高教师的教学水平，促使学生更加积极地参与体育活动。

第二，提倡"现代化教学"。作为整个教育现代化的重要标志，教学中我们应该鼓励提倡"现代化的教学"。体育教学作为高校教学的重要环节，随着对学生身体素质和终身体育观的重视也受到了越来越多的关注，并有了更多的要求，除了常规的体育课程教学和体育课外活动外，学生对于体育理论知识、裁判及比赛组织、自我锻炼指导和体育比赛欣赏等提出了更多、更全面的理论需求。随着学生接触项目的增多，需求越来越丰富，对高校体育运动项目的开设、场地器材、教师能力要求也越来越高。在这种情况之下，必然使得高校体育教学的教师与运动场地资源日趋紧张，很多热门运动项目课程由于选课人数众多，教师人数、场地器材紧张等原因仍有许多学生的选课愿望得不到满足。

第三，使用网络体育教学手段。更多地使用网络体育教学手段，可以对旧的体育学习观念进行新的补充，主要体现在以下几方面：一是它使高校体育教学活动由知识"示范、讲解"转变为重视对学生创造精神和实践能力的培养，由体育技能学习型向体育技能知识发展型转变，为终身体育意识的成熟奠定了基础。二是体育网络教育平台的普及开展，一方面可将高校体育教学由课堂扩展到课外，提高了体育教学生活化的程度；另一方面学生还可根据自身的课程安排时间、对需要学习的内容通过网络教学平台有目的、有选择地进行学习，不仅可以安排在统一的学校多媒体教室，还可以自己选择寝室、图书馆、教室等作为学习场地，这种时空的突破性使得"教育生活化"，为终身体育的实现创造了物质条件，使学生有条件实现从单一的高校体育课堂学习走向终身学习教学内容的突破。三是高校体育如果只是单纯地围绕着教师和学生，仅仅通过课堂的传授、学习技能知识，就会造成学生自主性学习的培养与发挥受到制约。因此，建立健全的系统学习平台可以为教师与学生提供一个庞大资料库，汇集优秀高校、体育相关部门、图书馆等信息资源、网络教学资源，方便高校师生学习体育相关知识，了解当前体育动态、体育发展和体育赛事的最新知识，通过网络教学平台可以达到师生互动、促进进步的目标。

## 五、体育教学模式转化机制

在我国，体育教学创新成果的转化率之所以如此低下，主要是因为没有科学的转化机制。只有形成有效的转化机制，才能加速教育成果的转化。教学成果的转化机制是指教学成果转化为制度化的方法，是使教学成果能有序转化为教学资源的保障制度。教学成果的转化机制是一种约束方法，要求教师不能以自己的爱好或经验来进行教学，要严格遵守教学管理制度。教学成果的转化机制还包括各种监督手段和方法，通过这些手段和方法的结合发挥管理作用，才能形成一个完整的教学成果转化体系，使教学成果转化稳定持久地运行。

### （一）体育教学模式创新成果转化的动力机制

第一，政府是动力机制的支持力。《义务教育体育与健康课程标准（2022年版）》的颁布实施极大地促进了我国体育事业的发展，体育教学模式改革也紧跟国家政策的步伐，贯彻落实国家的方针政策。在国家重视体育教学改革的环境下，教育部门应根据新课改的政策要求，制订相应的制度和管理办法，保障教学成果转化推广的切实开展。同时可通过组织学术交流会、邀请媒体进行宣传报道、对学校及教师进行专业知识培训，使社会、学校、教师、家长更了解教学成果转化的重要性，引领推广活动可持续发展。如教育部可以先规划小范围的学校作为教学试点，将适应学生发展的教学模式在试点学校先进行教学实验，再将试验较成功的体育教学模式加大资金投入，进行全国性的推广。另外，政府对于体育教学模式的转化推广起到的是宏观调控和引领作用，是转化发展的动力源之一。政府要加大对教学成果转化发展的支持与监督力度，在物质上给予补充，在政策上赋予学校更多的自由，指导学校建立完善的教学模式转化发展体系，鼓励学校根据校本研究积极探索适应本校教学改革的发展路径。

第二，学校是动力机制的牵引力。学校作为引领体育教学模式转化推广的主要构建要素，是具有一定约束力的行政组织，应将该机制构建作为学校教学管理的基本内容。制订教学管理的有关规章制度，规范运用体育教学模式创新成果的转化过程，通过引导合理激励和保障教学模式的转化得到有力实施，鼓励师生积极参与，使转化动力机制良好地运行。同时，学校也要根据本校特点，做好长期的科学规划和建设步骤，逐步完善教学模式转化推广的动力机制，加大教学专项资金投入，优化体育场地和设备，建立健全教学的管理规章制度，为教师的教学活动提供保障，引导体育教学模式创新成果转化的动力机制构建。

第三，教师是动力机制的内驱力。教师是组织教学活动的主体，是体育教学模式创新成果转化的内在驱动力，动力来自于教师对新型教学模式的认知以及兴趣，兴趣是动力的源头。如果教师对教学模式创新成果学习的态度不认真、目标性不强、意志力不坚定，也会影响教师对教学模式创新成果的学习效果。所以教师积极的参与意识和参与动机是动力机制构建的关键，使教师从内心真正接受新的教学模式，他们才会主动地探索其中的知识和价值。培训是教师学习体育教学模式创新成果的有效途径之一，也是教学模式成果转化的关键环节，学校可通过组织培训学习的方式对教师进行引导，以教师的需求为出发点，着重解决教师在体育教学实践活动中遇到的问题以及所面临的困惑，帮助教师解决实际的问题。

### （二）体育教学模式创新成果转化的运行机制

运行机制是事物运行发展中的结构、功能和作用原理，需要各结构要素之间相互配合，发挥合力，做到既有动力又有平衡，才能保障事物的有序运行。

运行机制是教学模式转化过程中的主体机制，体育教学模式创新成果转化的运行机制是指体育教学模式转化的内在机能和运行方式，是引导和制约体育教学模式转化的决策，是各项活动的基本准则，是决定体育教学模式转化行为的内外因素及相互关系的总称。教学模式转化的运行机制是教学成果、资源、学校制度体系、教学环境等各种要素的总和。由于教学创新成果与科技成果是不同的，它的转化主要依赖于教学实践，因此只有服从运行机制才能使教学成果稳定有序地转化，也就是教学管理部门的组织管理、教学体制等原则。一方面，体育教学模式转化的运行机制需要相关部门加大宣传力度，进行宣传教育工作。通过宣传教育的手段使教师具备学习体育教学模式创新成果的新教学理念，在体育教学模式转化推广的起步阶段，为广大一线体育教师营造一个良好的舆论氛围，使教师接受体育教学模式创新成果教学理念的熏陶，为教师提供有利的环境，激发教师的积极心理。

另一方面，要改善对教师的考核制度，在考核评价制度中应该采取竞争的手段，淘汰那些单一的、讲授内容枯燥乏味的教学模式；对于教学内容新颖，能够充分调动学生上课积极性、有创造性的教学模式，学校应投入更多的教学资源，以提高教师的授课积极性，更好地服务于学生。这样也可以调动更多体育教师采用新型体育教学模式授课的积极性，从而更好地契合我国体育教学深化改革，将学生置于课堂的主体地位。

只有提供良好的教学环境，才有利于更加高效地转化。体育教学模式的转化应当由各级教育管理部门、学校以及体育教师组成一个创新教学模式推广的组织结构，分别承担各自相应的责任：教育管理部门负责教学模式转化推广的宣传、领导和统筹工作；学校负责保障场地、教学器材、设备和各种软硬件设施，制定科学合理的教学管理制度；教师是体育教学活动的实施者。通过三方的结合使教学成果转化推广工作得到保障。

### （三）体育教学模式创新成果转化的约束机制

要想使体育教学模式创新成果顺利转化，制定一套完善的规章制度是必要的。目前虽然已经制定了一些专门的法律规章，但并没有在实际的转化过程中得到应用。法律规章的约束性和强制性并没有起到应有的作用，导致体育教学模式转化中出现的问题无法得到有效解决。因此，要重视相关法律规章政策，做到有法必依，切实发挥好法律规章应有的作用，只有这样才能将体育教学模式创新成果转化的问题提升到相对正式的层面上，使教学模式的转化在一个良好的秩序中进行。

约束机制主要是指通过教学监督、教学评价等方式，促使教师在新型体育教学模式转化过程中自觉遵守教育规章制度，形成良好的转化方式。通过不断完善教学模式转化机制的教学跟踪指导制、阶段汇报检查制等，严格监督教学活动中的每一个环节，对教师的教学工作及时进行评价，促进体育教学模式转化各环节的制度完善，有序转化。体育教学模式创新成果转化约束机制的完善，主要是为了加强对教育模式转化过程的管理，建立具有约束性的转化制度，保障教学模式的顺利转化。

### （四）体育教学模式创新成果转化的激励机制

一方面，教师要转变"重学术，轻技术"的目标观念。这种目标观念使教师将大量的时间和精力放在教学成果的数量上，而忽视了教学成果的转化，导致很多教学成果被束之高阁，从而造成教学资源的浪费。因此，要使体育教学成果能够顺利地转化到体育教学实践中，首先就要制定好科学合理的激励机制，转变教师的目标观念，学校领导也要摒弃这种观念，要重新认识教学成果的转化对于提高教学质量与人才培养质量的重要性。只有学校领导的观念真正转变才能对教师产生影响，对教师起到目标激励的作用。正确的目标观念在体育教学及体育教学模式创新成果转化中具有至关重要的作用，因此学校领导和教师都应该树立正确的教学观念和目标，发挥激励机制的作用，使教学成果转化工作能够顺利进行，通过体育教学模式创新成果转化提升教学质量和人才培养质量才是教学活动的主要意义。

另一方面，建立科学规范的激励机制能够创造教学成果转化的浓厚氛围，引导更多的教师积极投入到教学成果转化的工作中来，促进体育教育事业的发展以及对人才培养方式的创新。因此，加快建立科学高效、运转协调的激励机制，应是体育教学模式创新成果转化推广工作的重要内容。激励机制主要包括内部激励与外部激励，即物质激励与精神激励，物质激励是指根据有关规定给予在体育教育工作中做出突出贡献或将取得的创新教学成果成功转化到教学实践中的教师物质方面的奖励；精神激励是对教师社会地位和价值的认可，使教师在精神上得到满足感，可通过开展讲座或者教学实践等形式，邀请在体育教学模式创新成果转化工作中做出突出贡献或者在体育教学实践课中将教学模式转化效果较为成功的教师向其他教师传授教学经验，不仅可以体现他们的人生价值，使这些为体育教育事业做出贡献的教师得到应有的荣誉，也可以带动其他教师形成创造性思维，让更多体育教师参与体育教学模式创新成果转化到教学实践的工作中，只有这种科学的激励机制才能有力地推动体育教学模式创新成果的转化。

### （五）体育教学模式创新成果转化的评价机制

要改变课程评价过于强调甄别与选拔的功能，要注重发挥评价促进学生发展、教师提高以及改进教学实践的功能，建立促进学生全面发展的评价体系。对学生的评价不能只注重成绩，而是要挖掘和发展学生多方面的潜在能力，了解学生在学习过程中的需求，帮助学生激发学习兴趣，使学生在学习中建立自信。发挥评价的教育功能，促进学生在原有水平上得到更大的发展；完善考核制度，重点考查学生分析问题、解决问题的能力。在评价学生时要从以下几个原则出发，即评价学生发展过程的原则、评价主体参与原则、评价内容多元化和评价方式多样化的原则、评价的激励原则等几方面来评价学生。这不仅需要教师的努力，还需要教学管理部门和学校主管领导的积极配合。

在完善学生评价制度的同时教师的评价制度也要有所改变，首先要改变教师的传统评价方式。在现代教育改革的要求下，无论是理论上还是实践中，教师评价都没有发挥其应有的作用，还存在着一定的差距。传统教学模式下对教师的评价存在以下几方面的问题：传统的评价过程缺乏民主、评价标准单一、评价方法过度量化、评价工作过于形式化、学校领导及教师的评价观念落后等。在新课程改革的大背景下，要求改变传统的教师评价制度，学校不能仅仅用规定指标来考核教师的成绩，也不能模糊新课程改革对教师的评价标准，简单地给教师打分。第一，对教师进行评价时，应从教师的发展性方面来重点考核，以促进教师的发展为目的进行评价，并通过多角度、全方位的评价来激发教师对工作的主体责任感，增强教师的职业认同感；第二，对教师进行考查时，应注意教师的主体地位，以教师为本，重视教师的个人努力，消除教师对评价的抵触心理，使教师、学生、学校三者协调一致地共同发展；第三，要注意从教师的工作态度、责任心、创新意识、教师驾驭新型教学模式的能力等方面来进行客观的、公正的评价。

目前，我国体育教学模式成果转化程度一般，一部分原因是校园场地、设备的不完善。因此，学校应加大资金投入，进一步改善体育教学条件，为新型教学成果运用到实际教学活动奠定基础。同时，学校要制订相关制度，开展多种培训方式，为教学模式创新成果的转化培养优良的师资。此外，在新型教学模式转化推广的初始阶段，政府部门要加大宣传力度，通过多种形式来推广体育教学模式的创新成果，让更多体育教育工作者了解。

# 第二节　体育教学模式的构建与应用

## 一、运动教育模式

运动教育模式是由美国体育教育家达里尔·西登托普在 20 世纪 80 年代初基于自己的游戏理论所提出的关于提高体育课程教学效果的教学模式。运动教育模式在整个教学过程中以比赛为主线，以固定分组、角色扮演为组织形式，运用直接指导法、合作学习法和伙伴学习的学习方法，让学生体验到运动中各种不同角色的职责，在体育课程中提供给不同运动水平的学生真实的、丰富的运动体验。它试图在游戏和运动比赛之间建立某种联系，通过对运动规则的修改和运动策略的适时调整，使运动更加适合学生的水平，最终使学生成为有运动能力的、有运动教养的和热情的运动者。

### （一）运动教育模式的目标

运动教育模式的教学目标相比于传统教育模式的教学目标更加细化，涉及的维度更多，传统教学模式的教学目标主要是学生在身体素质、运动技能、运动参与、心理健康、社会适应五方面的发展。而运动教育模式的教学目标主要包括发展专项运动技能与体能、具有评价和运用战术的能力、有能力参与适合自身发展水平的运动、有和其他同学一起共同制订运动策略和管理运动学习的能力、担任领导角色时具有责任感、具有团队精神、具有欣赏所学习运动项目仪式和习俗的能力、发现和解决运动中存在问题的能力、具有一定的裁判知识、形成课余自觉参与运动的习惯等。

### （二）运动教育模式的内容

运动教育模式的教学内容主要包括运动季、团队关系、正式比赛、最终比赛、成绩记录和庆祝活动等方面的内容。其中，运动季相当于传统教学模式中的教学单元，但与教学单元不同的是运动季的教学时间更长，包括练习期、季前期、正式比赛和季后赛四个部分。团队关系主要是指在运动教育模式中，学生在自愿的基础上，按照男女比例相等和竞技水平一致性原则进行团队分组，以这种教学形式培养学生的团队意识。正式比赛贯穿整个教学课程中的各个环节，是运动季的重要组成部分。最终比赛是决定冠军和庆祝运动季的重要时刻，也是运动季结束的主要形式，是对学生进步与努力的最终检验。成绩记录主要记载学生及团队的进步情况，如比赛的名次、时间、动作得分等，可以为个人和团队提供明确的反馈，从而不断调整学习策略。庆祝活动是通过颁奖典礼等相关仪式，将整个赛季节日气氛推向顶峰的结束方式，对学生而言意义非凡。

### （三）运动教育模式的特征

#### 1. 比赛贯穿整个教学过程

运动教育模式是以竞赛为中心的，体育竞赛贯穿整个教学过程。比赛具有竞争性、娱乐性等特点，通过比赛的形式，可以让学生在平时生活中形成良好的竞争意识，并且在比赛中享受体育活动带来的身体的放松和心灵的愉悦。在教学中，采用竞赛的形式来激发学生的学习兴趣，将学生的技术练习转变到体育竞赛的活动中来，从而更好地提升学生的运动水平，达到完成教学目标的目的。通过比赛的形式，可以在学习运动技术的初期改变传统的热身操等枯燥乏味的活动，引入新型有效的热身形式，以便于学生在上课时，迅速提高注意力，并达到学习运动技术的身体准备阶段。这在一定程度上节约了上课时间，提高了教师教学行为的有效性。同时，通过比赛的形式，可以在理论与实践中搭起"沟通的桥梁"，将体育的理论运用到实践活动中去，达到理论和实践有机的结合。

#### 2. 团队协作凸显了学生的主体性

在运动教育模式中，学生是以学习小组为单位进行体育学习的，学生可以自愿或按照教师的要求进行小组成员的划分，进行体育学习和竞赛。在比赛前，小组成员互相激励，并且尽最大可能在比赛之前组织赛前训练，预先了解和进行比赛准备。在竞赛的过程中，学生会从被动的知识学习变为主动的知识获取，从而促进学生加快对体育技能的掌握。在比赛中，小组成员通过一同制定比赛策略、参与比赛过程等，团队协作完成比赛，学生是完成比赛的主体，在比赛中协作意识和团队精神都有了很大的提高。在比赛后，小组成员可以一起体验成功和失败，互相交流比赛经验，以此形成自己独特的团队文化，小组成员的团队凝聚力意识得到提高。

#### 3. 培养学生体育学习兴趣和成功体验

比赛具有竞争性、娱乐性等特点，通过比赛的形式，可以让学生在平时生活中形成良好的竞争意识，并且在比赛中享受体育活动带来的身体放松和心灵愉悦。通过创设竞赛情景，在培养、调动学生的体育学习积极性时，让学生在竞赛中获得成功的体验。此外，在结束赛季后，教师和学生要举办庆祝活动，对一个赛季的比赛进行总结，也要对学生取得的成绩表示认可和表扬，使学生在庆祝活动中获得自我成就感和成功体验，激发学生对体育学习的兴趣和热情。

#### 4. 强调运动技能学习的情境性和连贯性

运动教育模式主要是强调学生竞赛，来帮助学生在技能学习的过程中植入一种情境，是组织学生进行学习并解决问题的一种"表演"过程，从而让学生对理论知识进行深入理解和感悟，并且能够熟练掌握运动技能。正是在这种情境性的技能学习中，教师无法进行常规的"动作分解"教学，只能强调学生通过不断地完成完整的动作来进行技能练习，即保证运动技能学习的连贯性。然而，需要明确的是，运动教育模式并非完全利用运动情景培养学生的运动技能，实际上，无论是在赛前的准备期还是赛中的比赛期，教师均有足够的时间利用传统教学模式进行技能的讲授，一方面帮助学生储备基本的比赛所需的运动技能，另一方面帮助学生进一步熟练和理解技术动作，强化学生的运动动作理解和记忆。

### （四）运动教育模式在高校篮球教学中的应用

#### 1. 运动教育模式的课程教学设计

课时设置：16 周，共 32 学时。

教学内容：①熟练掌握运动教育模式的学习方式；②篮球运动的基本知识；③篮球基础体能；④篮球基本技能、技战术；⑤规则与裁判方法。

教学目的：熟练掌握运动教育模式，掌握篮球基本知识，提升篮球基础体能，提高技战术水平，激发运动兴趣，促进全面发展。

运动兴趣的提升计划：第一阶段由组内骨干成员带动提升组内成员对篮球的认知和了解，迅速提升小组凝聚力；第二阶段由教师对骨干成员进行更专业的运动技能、比赛需求和团队意识的培养及指导；第三阶段通过对规则的修改，在教学中对各种技能的提高运用，在教学比赛中让学生体验比赛胜利的成就感，培养集体荣誉感，从而激发学生的自主锻炼意识，有利于终身锻炼意识的培养。

技能阶段划分：技能学习阶段（角色学习阶段）、小组技能比赛阶段（角色应用阶段）、战术学习阶段、小组篮球比赛阶段。

课堂结构为：采用"三段式"划分，开始部分：课前收集学生计划，各组教练分散组织准备活动，队长沟通技能学习执行方案；基本部分：队长和教练共同组织带领技能学习练习，教师巡回指导，共同组织课堂比赛；结束部分：组织放松练习，小组内总结评价，教师进行点评，课后进行下一次课程的安排。

课程理念：以学生为主体，学生为中心，教师辅助学生分组教学。在教学中教师把握整个学期课程核心教学走向，将每个教学任务布置给骨干成员，更多地"放权"给学生，让学生参与掌握课堂节奏、课堂管理、技能教学，在课堂中拥有更多的自主权，对技能规则适当调整，以适应当前学生的技能水平。

学生分组：运动教育模式里很重要的一点是学生的分组，在一定程度上会对教学效果产生一定的影响，整个小组在整个学期人员都是固定的，所以分组要将不同能力、不同水平的学生均分到各组，各组男生女生的比例差异也不能过大，考虑到学生在课堂中的组织效果以及工作人员的角色设置，每组人数不能过多或者过少。

角色设置及工作范围：依照篮球比赛的工作人员设置，设置队长、教练、裁判员、记录员、后勤。每组角色的设置按照技能的情况、个人的意愿以及组内成员的意见进行安排。

队长：由本组篮球技能较强的人担任，按照教师的教学初步计划，对组内篮球技能的教学进行安排，并写教学计划，在课前交由教师审核，比赛前组内战术的教学和赛中的技战术指导。

教练：对篮球的基本知识进行了解，带领大家学习，课中的基础热身和专项热身活动的安排和组织，在队长组织教学时进行协助组内的教学。

裁判员：在各个比赛中担任裁判的角色，包括单个技能比赛和篮球 3V3、5V5 比赛，在单个比赛中还负责计时工作，在正式比赛时由轮空的裁判担任计时工作。

记录员：在课后及时记录本组成员在课堂中的表现，以及每次练习和比赛的成绩，还有本组成员对本组的训练计划安排、组织的建议及意见，在每次课前交由教师查看。

后勤：负责在课前课后收发本组教学器材，以及比赛时本组比赛成员需要协助的工作。

2. 运动教育模式的实施流程

第一阶段（1～2 周）

教学内容：学习运动教育模式的教学方式，进行合理分组，角色人选，角色定位。

上课流程：统一集合，教师和队长开会→教练组织热身活动→队长和教练共同组织技能学习→小组内总结，教师总结，布置课后工作内容（教练热身活动设计、队长技能教学设计、记录课程内容及总结、后勤收发器材及联络组员）。

教师活动：建立新的课堂教学方式（课前收集教学计划、记录资料、统一集合、队长开会、教练组织热身、教师巡回指导）、确定分组、确定角色人员、帮助骨干成员确定工作范畴以及找到角色定位、修改运动规则。

骨干成员活动：确定自己的角色定位，找到工作范畴，建立团队意识，和教师共同调整规则。

非骨干成员：适应新的学习方式，积极参与课程。

第二阶段（3～10 周）

教学内容：角色应用、技能学习、体能练习、各种修改规则的技能比赛（组内的投篮比赛、传球比赛、运球比赛、组间的运传投比赛）、简单的裁判方法、培养团队意识、通过调整过后的规则体验篮球魅力。

上课流程：课前 5 分钟收集骨干成员教学安排及记录员的上一次课内记录→统一集合，教师和队长开会→教练组织热身→队长和教练共同执行技能学习安排→教师巡回指导→教师辅助组内骨干成员共同组织比赛（组内的运传投单个技能比赛、组间的运传投技能比赛、组内的 3V3 比赛）、裁判应用→组内沟通→小组内总结，教师总结，布置课后工作内容（骨干成员教学计划、记录、后勤）。

教师活动：帮助骨干成员提高自己的组织能力、教学安排能力、帮助小组团队形成凝聚力、加强课后沟通及辅导。

骨干成员活动：提高自己的角色技能、做好角色工作、加强团队内部沟通及配合能力。

非骨干成员：积极配合完成教学内容及比赛、提出意见及建议。

第三阶段（11～16 周）

教学内容：角色的轮换、组内成员配合、技战术的综合应用、裁判规则与执行、组间技能（运、传、投）比赛、对抗比赛（3V3、4V4、混合 4V4）、正规比赛（5V5 小节比赛、5V5 半场比赛、5V5 全场比赛），通过比赛激发荣誉感、体验成就感。

上课流程：课堂常规→教练组织热身活动→队长和教练共同执行技能学习安排→教师巡回指导→教师辅助骨干成员共同组织比赛（组间的运传投比赛、组间的 3V3、4V4、5V5 比赛）、裁判应用→组内沟通→小组内总结，教师总结，布置课后工作内容（骨干成员教学计划、记录、后勤）。

教师活动：帮助骨干成员协调轮换角色、巡回指导、加强课后沟通及辅导。

骨干成员活动：对新的教学内容合理安排、适应角色及工作、组内加强沟通、带领成员形成小组默契。

非骨干成员：适应角色的转换、配合组内骨干成员、积极完成教学安排及比赛。

运动教育模式在高校体育篮球教学中的应用改变了学生的学习方式，促进学生课上课下对体育的参与程度，促进了学生在篮球基础体能上的发展，以赛代练，提升了学生的体育学习兴趣，让学生逐步体验篮球带来的快乐之后，改变了对体育运动的态度，促进了学生的全面发展。这也证明，运动教育模式在高校体育教学中应用有利于激发学生体育学习兴趣，改善体育学习态度，对学生进行更积极合作精神的培养，让体育课在增强学生体质和终身锻炼意识的培养上发挥积极的作用，有较大的价值和借鉴意义，在具体应用时根据实际情况有机结合，合理应用。

## 二、小群体教学模式

### （一）小群体教学模式理论依据

#### 1. 系统组织理论

系统组织理论又被称为"社会系统理论"，该理论认为，社会各阶层的组织，包括军事、宗教、学术、公司和其他类型的组织，都有一个合作制度。这些合作组织都是由三个部分组成：合作意愿、共同目标和信息联系。高校体育教学的主要任务是个人技能的提升，这与课程计划的制订有关。在最初的学习过程中，学生一般个人练习，很少或者根本没有组织发展学生间协作和与他人配合的练习。然而，小群体教学模式极大地弥补了体育传统教学课堂对于团队合作发展的缺失，具有很高的可操作性。

### 2. 人的全面发展理论

苏霍姆林斯基在马克思主义人类普遍发展理论的基础上，创造性地提出了"包容性发展""和谐发展"和"个人发展"应贯穿学生学习活动的全过程，把人格全面协调发展作为学校教育的理念和宗旨。苏霍姆林斯基对人格全面和谐演变的愿景，是其教育思想和实践活动的基石，也是他所有教育理论和实践活动的出发点和终点。苏霍姆林斯基的和谐教育思想在教育事业中仍具有重要的借鉴价值和现实意义。而小群体教学模式不只是单纯地对学生进行运动技术的培养，更强调通过对班级学生进行合理分组，以小组为单位进行系统教学，从而促进学生间的人际交流，加强社会性教育为目标。

### （二）教学设计原则

#### 1. 合作性原则

小群体教学法主要的特性在于小群体的合作性，针对高校体育教学，运用小群体教学法进行教学设计，遵循小群体教学法的原则，利用合作性原则来进行设计课程，让小群体中的学生具有合作意识，运用课程的原则性促进学生之间良好的沟通，通过不断的交流和相互学习来达到提升学习的最终目的。

#### 2. 主体性原则

在整个教学的设计中，学生作为课堂的主体，而教师起的是主导作用，在授课的同时，教师要明确自身的角色定位，有效帮助学生在课程中快速进入教学情境；还需要了解学生的个性化差异，避免运用传统的灌输式教学方式来进行知识的单向教学，以帮助学生掌握知识，激发兴趣，从而让学生真正成为学习的主体。

#### 3. 适宜性原则

在体育教学时，采用小群体教学法，根据学生本身的素质程度、掌握的专业技能以及在学习过程中的心理状况等多个方面进行个性化设定，教学目标以及教学任务是针对学生自身的学习兴趣程度以及对体育知识的诉求来设置的，以使学生在学习的过程中通过自身努力完成学习目标，因此不能设置过高的标准。若学生长期无法通过努力来实现自身价值，会因此选择放弃执行努力的目标，也会因此导致学生的学习热情减退。所以在完成体育教学任务时，应该遵循学生可承受、可接受的程度来相对提高并完成学习目标。

#### 4. 全面性原则

在体育教学中，课程设计的主要原则在于全面性，主要表现在以下两方面：首先，在全面性发展的前提下，不仅要提升高校学生在学习中的适应程度，还要帮助学生提高自身的素质和体育运动的专业水平；其次，因学生之间具有一定的差异性，为了实现学生全面发展，在教学的设计过程中，要根据学生的实际情况进行划分，把较优秀的学生和成绩相对较差的学生按照一定比例进行分配，并在整体的教学中完善全面性。

5. 激励性原则

激励性原则亦是体育教学中一个重要的原则之一。在小群体中进行学习，小群体中每个成员的自身水平具有差异性，秉持同组异质的原则进行分组。但从教学课程的设定上来看，教学的核心以及分发的教学目标都是相同的。为了达到共同的教学目标，小群体中较差的学生在学习中需要投入更多的时间和精力学习，努力追赶成绩较好的学生。总之，在群体的相互影响下，集体荣誉感将影响更多的学生，也无形中对较差的学生进行激励，让他们为了集体荣誉而更加努力，从而提高了学生努力的动力。

**（三）小群体教学模式在高校乒乓球教学中的应用**

1. 教学流程

开始部分：整队集合→师生问好→安排见习生→宣布本节课教学内容。

准备部分：各关节活动→专项准备活动。

基本部分：各关节活动→专项准备活动→集体练习→教师纠错指导→安排教学目标练习→组内讨论→教师巡视指导→组间竞争→组内总结评价→教师课堂评价。

结束部分：放松活动→教师总结评价→回收器材→布置课后作业→下课。

2. 专项素质考核标准

（1）协调性。测试项目为象限跳，在平整的空地上画两条垂直线（约 1 米），将场地分成四个标记了数字的象限区域，开始测试前让学生双脚并拢站立在第四象限内，听到教师口令后，按照"一二三四"的顺序进行跳跃，记录学生在 30 秒内完成的个数，要求学生双足同时跳跃。学生在开始测试后就要全程保持双脚并拢，若测试时跳的顺序出现失误，则本次不算成绩。

（2）有氧耐力。测试项目为一分钟跳绳，让学生将跳绳调整到合适的长度，然后双脚并拢，采用正摇双脚跳绳，跳绳环绕一周计一次，记录学生在一分钟内的跳绳个数。若测试时出现失误，可以继续进行测试。

（3）腹部力量。测试项目为一分钟仰卧起坐。准备 3 块海绵垫，一位学生躺在垫子上，双腿屈膝，双手抱头两侧，一位学生双手按压测试学生脚部进行帮助。听到信号后开始快速进行仰卧起坐，要求肘部触碰到膝盖，听到信号后停止。帮助的学生向教师报告受试者在一分钟内仰卧起坐的次数。受试者在进行仰卧起坐时肘部必须触及膝盖。

3. 乒乓球技术考核标准

（1）正手平击发球。受试者采用正手平击连续发 10 个球，记录将球发到规定的区域内的个数。评分如表 4-2 所示。

表 4-2　正手平击发球评分标准

| 分数 | 发平击球（个） | 等级 | 要求 |
|------|------|------|------|
| 100 | 10 | A+（100 分） | 动作正确、灵活，击球部位准确、落点适宜 |
| 90 | 8～9 | A（90 分） | 动作正确、灵活，击球部位准确、落点较为适宜 |
| 85 | 6～7 | B（85 分） | 动作正确、灵活，击球部位较为准确、落点适宜 |
| 75 | 4～5 | B—（75 分） | 动作较正确、灵活，击球部位较为准确、落点较为适宜 |
| 60 | 2～3 | C（60 分） | 动作变形、灵活性较差，击球部位较为准确、落点较为适宜 |
| 60 分以下 | 2 个以下 | D（60 分以下） | 动作变形、灵活性较差，击球部位不准确 |

（2）反手推挡。两位受试者进行推挡球技术的测试，记录一分钟内单人推挡球的累计次数。评分如表 4-3 所示，学生的技术考核成绩由两部分组成，即达标成绩（占 60%）和技评水平（占 40%）。

表 4-3　反手推挡评分标准

| 分数 | 反手推挡 | 等级 | 要求 |
|------|------|------|------|
| 100 | 35 个以上 | A+（100 分） | 动作正确、灵活，击球部位准确、落点适宜 |
| 90 | 30～34 个 | A（90 分） | 动作正确、灵活，击球部位准确、落点较为适宜 |
| 85 | 26～29 个 | B（85 分） | 动作正确、灵活，击球部位较为准确、落点适宜 |
| 75 | 20～25 个 | B—（75 分） | 动作较正确、灵活，击球部位较为准确、落点较为适宜 |
| 60 | 15～20 个 | C（60 分） | 动作变形、灵活性较差，击球部位较为准确、落点较为适宜 |
| 60 分以下 | 15 个以下 | D（60 分以下） | 动作变形、灵活性较差，击球部位不准确 |

## 4. 成绩考核标准

学生成绩分为日常评价（30%）和期末考核（70%），具体如表 4-4 和表 4-5 所示。

表 4-4　日常评价

| 评价类型 | 期末占比 | 评价人 |
|------|------|------|
| 学生出勤率评价 | 10% | 教师 |
| 学生间相互评价 | 5% | 小组成员 |
| 学生自我评价 | 5% | 自己 |
| 学生团队评价 | 10% | 教师 |

表 4-5　期末考核

| 评价类型 | 期末占比 | 评价人 |
|------|------|------|
| 乒乓球基本技术（正手平击发球、反手推挡） | 50% | 教师 |
| 体能测试 | 20% | 教师 |

在高校体育教学中，采用小群体教学模式为主要手段，运用多种教学模式，相互配合，可以达到最佳教学效果。同时，在课上要加强对学生的体能训练，保证学生体能训练时间，提升学生专项的素质水平。最后，引导和鼓励学生课下进行体育活动锻炼。

在小群体教学模式的课堂教学中，学生是学习的主体，能够充分发挥主动性，同时在小组内与伙伴合作学习，与其他小组成员竞争比赛，让学生在竞争与合作中提升乒乓球基本技术。教师通过合理分组，给学生留下大量小组活动时间，通过设置小组学习目标，加强小组学生间的沟通交流，相互帮助，在轻松和谐的学习氛围中凝聚成一个小群体。学生通过和小组间其他成员的交流讨论或者得到其他成员的技术帮助，使学生在心理上得到满足，技术上得到进步，极大地提升了学习兴趣。

在小群体教学模式的课堂教学中，小组内成员通过自己积极参与小组内的讨论交流和技术训练，体会队友的帮助和支持，学生在团队帮助下产生幸福感。

与传统教学模式相比，小群体教学模式能够充分体现学生的主体性，营造一个轻松和谐的学习氛围，同时，采用分组教学的方法，让学生在合作竞争中提升乒乓球基本技术和心理健康水平。

## 三、动态分层教学模式

### （一）动态分层教学模式的理论依据

#### 1. 动态分层教学模式的心理学基础

动态分层教学模式必须认识到学生之间存在着差异。学生个体均存在智力、体力和心理的差异，因而产生对相同知识的加工与接受水平不同，最终导致学生的接受层级不同。因此，教育心理学认为，学生之间的个性化差异是受多种因素所限制的，这些因素既包含先天的遗传因素，如学生的认知水平；又包含后期成长过程中所形成的后天因素，如学生的学习兴趣。动态分层教学模式存在的意义在于基于不同个体之间的个性化差异，给予不同的指导，引导其向着积极、正确的方向迈进。动态分层教学模式要注重教学过程中学生接受度的动态判定，并非只注重最后的教学结果评价。对于体育教学而言，因材施教，通过动态分层教学模式使学生获得学习动机、产生学习欲望、增强学习自信、增强身体素质，最终实现终身体育和终身运动的思维是体育教育的最终目的。因此，在教育的过程中，要时刻注意学生的学习享受，使学生在学习过程中获得成功体验，形成良性循环，从而进一步激发其学习热情，这符合动态分析教学模式的心理学理论原则。

#### 2. 动态分层教学模式的教育基础

（1）"因材施教"理论。"因材施教"这一理论起源于春秋时期我国儒家经典名著《论语》。《论语·先进篇》曾记载了这样一个典故。一日，孔子的学生子路问他："如果我听到了正确的主张，可以立即去做吗？"孔子答道："你应该先去问一下你的兄长。"其他学生再问孔子，其回答却不一样，并提示学生尽快实施自己的方案。最后，孔子给出了他的解释。他说子路性情急躁，办事往往不够周全，所以建议子路请教一下兄长以后再做定夺。而冉有心思缜密，但不够果决，所以让他立即去执行，避免因为优柔寡断而错失机会。孔子的论述充分体现了他因人施教的特点，使每位学生能够根据自身特点，获得适合学生自身发展情况的学习方式。

（2）最近发展区理论。最近发展区理论是教育家维果茨基首次提出的，他摒弃了学习没有理想年龄的观点，而是引入了理想的学习阶段，并在此基础上提出了"相对成就"这一概念，强调学生学习的出发点应该是在现有水平上的提高，而不仅仅是最终结果。基于此，维果茨基将最近发展区理论定义为认知与潜在认知的发展差异。学生分析问题与解决问题的能力能够决定认知发展水平的高低，而潜在认知发展相较于认知发展更需要教师和合作者的配合。与此同时，他还突出了教师在教育活动过程中的重要性。他指出，教师在教学活动中要不断评估学生的成就水平，并以此为参考，对每个学生设置适合他们的学习难度和学习目标。与此同时，他还强调教师的指导是要在一定限度内的。当一开始时，教师要表现出强烈的存在感和密切的指导，而当学生在教师的指导下，快要接近潜在认知发展区时，教师应当逐渐放开对学生的控制。

最近发展区理论在现代教育中应用较多，得到了充分认可。它能够接受学生个体的差异性，同时能够在教学手段和教学刺激的调整中，对学生个体进行因材施教，实现学生潜在发展水平的有效挖掘，由最近发展区逐渐过渡到现有发展区。

（3）教学最优化理论。教学最优化理论认为，教育的目的是使学生获得更好的发展。在此目标的指引下，应尽可能地花最少的时间和精力，追求最好的学习成果。教学最优化理论即抓住学生学习过程中最基础的矛盾，在保证效果的前提下，尽最大努力减轻学生和教师的学习与教学的压力，充分提高教学效率和学习效率，在单位有效时间内获得更多的专业知识和技能水平，达到教学过程的全部优化的目的。

（4）掌握学习理论。掌握学习理论的代表主要是美国著名教育学家布鲁姆，其在学校教学实践中发现，在相同的教育教学目标指导下，学生由于接受能力和个体差异导致了学习效果的差异，使学生产生不同的成绩水平；但其将学生进行有效分类，根据学生特点，进行个性化帮助之后，促使基础较差的学生加强练习和增加时间投入，学生能够取得目标设定的学习绩效。如此反复，学生的学习成绩差异性或掌握知识的深度与广度均能够实现一定程度的均衡。掌握学习理论的应用得到众多学者的关注与应用。

### 3. 动态分层教学法的学习理论基础

（1）人本主义学习理论。人本主义学习理论认为，学生是学习的主导者，而教师存在的意义是为了给学生提供一个良好的学习环境，启发学生的思维，在整个教学过程中扮演一个"促进者"的角色。人本主义学习理论是将不同文化、不同教育背景、不同成长环境充分考虑在内，不断激发人的潜能，使其更多地接受学习知识。应用人本主义学习理论辅助动态分层教学法的实施具有较强的现实意义，能够充分体现教育的人文关怀和教育公平，最终实现学生学习潜能的激发，达到快速掌握学习内容的目的。

（2）建构主义学习理论。建构主义学习理论由认识世界出发，承认每个人的观点不同，认识世界的方式不同，其承认个体之间出现偏差的实施，因为每个个体的世界观和价值观不尽相同。因此在构建主义基础上，构建新的学习经验和新的理论框架对学生快速接受新知识方面提供了较强的参考和理论支撑。学生能够根据自我构建的学习过程和利用自身总结的学习经验，对新事物进行接触、信息加工，从而形成认识的过程。通过构建主义学习理论的应用，指导动态分层教学法的实施与实践，能够充分把握学生构建新的知识框架，利用所学的分解动作，最终形成适合自己的体育运动能力，具有较强的积极意义。该理论的应用能够充分激发学生形成适合自己的学习方式，以提升学习效率，实现自主学习和快速进步的效果。

**（二）动态分层教学法的实施原则**

**1. 主体性原则**

学生是教学过程的主体。在教师指导下，按照教学计划和教学目标，逐步实现知识积累与巩固，形成知识技能的掌握和人格的培养。教师主导学生参与教学活动，一方面实现教师知识的有效传播，另一方面学生能够客观接受相关知识。学生认知的差异性推动着教师进行因材施教，教师因材施教也能反过来提升学生的接受能力。主体意识的增强也代表教育有效性的形成，应用主体性原则，以人为本的教育理念得以实施，对推动学生全面发展具有积极意义。

**2. 全面性原则**

动态分层教学法一方面需要兼顾学习前学生对本门课程的掌握程度、技巧性把握、心理素质及兴趣爱好等，授课教师需要通过一定的测评进行整体把握，便于分组；另一方面，需要在课程进行中不断监测学生学习效果，对不同层级的学生进行差异化培养，从而提升学生的综合素质水平。学习的全面性原则的应用，能够充分提升学生整体的身体素质、兴趣爱好和心理素质，使终身体育理念深入学生生活日常，达到体育培养的目的。

**3. 激励性原则**

对学生在学习过程中的适当鼓励是激发学生学习兴趣与获得感的重要方式，教师须灵活运用激励手段对学生进行合理的鼓励。动态分层教学法通过学生心理素质、身体素质和体育技能掌握能力进行了科学的层次划分，对每一个层次的学生的激励措施进行差异化处理，并根据实际教学需要，采取不同的刺激方式，使学生能够更高效地获取知识和巩固知识。

### 4. 动态性原则

动态分层教学法跟一般的分层教学法本质上的区别就是它的动态性。分层并不是固定不变的，学生在学习过程中需要教师对学生进行不间断的监测与考核，根据学生考核成绩进行下一轮的分组认定，合理设置不同分组学生的学习目标，使之既能得到鼓励又能在学习中不断进步，取得较好的成绩。就学生而言，动态性原则的应用能够充分调动学生的积极性，实现自身学习能力、学习技巧等的提升，实现对终身体育思想的领会；就教师而言，能够动态监测学生学习效果，为自身教学策略、教学手段的改善提供良好机会，为动态分层教学法的实践提供良好的考评参考。

### （三）动态分层教学模式在高校网球教学中的应用

以高校网球教学为例，首先根据教学班学生的情况分割为若干层级，在教学过程中就不同层级类型制定相应的教学方案和实施相应的教学方法手段，并在教学过程中多次评价学生学习的状态，分层后再实施分类教学，使每个学生都能在适合自己的层级中得到有效的学习。该"动态分层次教学"模式总体框架如图 4-1 所示。

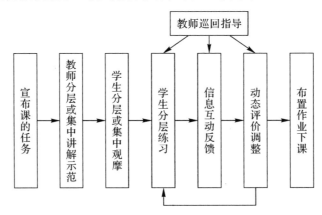

**图 4-1 动态分层教学模式总体框架**

### 1. 科学合理分层

科学合理分层是实施动态分层教学模式中的首要任务，是教师正视学生差异性的体现。针对不同技术基础、不同学习需求的学生群体进行分层，使每个学生都得到更适宜的发展，优等的学生能够更大限度地挖掘潜能，普通的学生通过教师量身打造的教学手段，增强学习的兴趣，最终使学习成绩提高。

在教学前，应综合考虑学生的网球运动态度（占 20%）、专项身体素质（占 40%）、网球技评（占 40%）实施第一次教学分层。教学应参考学生的整体水平，将学生分成两个层次。A 层为提高层：网球兴趣浓厚、运动态度良好、网球专项身体素质较好、综合评定的分值在 70 分以上（包含 70 分）；B 层为基础层：身体素质一般、运动态度一般、对网球的兴趣一般，综合评定分值在 70 分以下。

## 2. 制订层级教学方案

对学生进行划分层次后，教师从教学目标、教学内容、教学时间、教学方法上分别为两个层次的学生制订本学期的教学方案，各层学生都能在适合自己的群体中得到相应的学习方法和手段，这样才能在教学过程中做到有的放矢。

在制订网球教学方案时，教师应根据各层学生的实际情况，教学目标、教学方法、教学要求因学生类别而定，并根据学生的掌握情况合理分配时间。提高层的学生适合选用完整练习法、领会教学法、合作探究法等；基础层的学生由于各项学习指标一般，适合运用示范法、分解练习法、重复练习法等，使他们在网球学习中建立自信，体会成功乐趣，为下一步的提升打下基础。高校网球教学学期教学目标如表 4-6 所示。

表 4-6　网球教学学期教学目标

| 目标 | 层别 | 内容 |
|---|---|---|
| 认知目标 | A层 | 通过教师指导、自主合作学习，对网球的上手发球、正手抽球、反手抽球三项基本技术的动作要领和易犯错误有清晰的认识，并熟练掌握三项网球基本技术及其原理。 |
| | B层 | 通过教师指导、自主合作学习，对网球的上手发球、正手抽球、反手抽球三项基本技术的动作要领和易犯错误有较清晰的认识，基本掌握这三项网球基本技术及其原理。 |
| 技能目标 | A层 | 使学生熟练掌握网球上手发球、正手抽球、反手抽球三项基本技术，在实践中应用自如，实战中能够合理运用简单战术组合。 |
| | B层 | 使学生基本掌握网球上手发球、正手抽球、反手抽球三项基本技术的动作方法，在实践中能够尝试运用简单的战术组合。 |
| 情感目标 | A层 | 激发学生对网球的兴趣，提高学习的积极性、主动性，进一步强化其自信心，鼓励学生主动进行交流，增强合作意识。 |
| | B层 | 培养学生对网球的兴趣，激发其学习网球的主动性，克服消极情绪，增强自信心。 |

按照教学大纲要求，学期教学目标要求学生掌握三项网球基本技术，即上手发球技术、正手抽球技术和反手抽球技术制定。教师根据各个层次学生的特点确定教学目标，目标的制定符合学生的"最近发展区"原则，对每一层的学生来说，付出一定的努力是能完成教学目标的，这样既能让学生感受到通过努力取得进步的成功感，又能避免教学目标对优等生来说太容易完成而失去学习的兴趣。

## 3. 分层实施教学

课堂教学是整个网球教学工作的中心环节，两个层次学生的教学都是在同一网球教学课中进行的，教学过程要兼顾到所有层次。结合网球新授课的特点，课堂上既要有全体学生的集中教学，又要有针对各层分别进行相应的指导教学。每堂课各层的教学目标保持不变，教师组织各层学生完成教学目标。

动态分层教学模式采用"同一层级小组合作"的学习模式，每节课的开始阶段，由教师提出本次课的教学目标，使学生明确学习目标。教师首先面向全班统一讲解技术要领及练习方法后，各层次的学生根据教师的任务安排进行分组合作练习，教师在学生练习过程中多次评价学生学习的状态，根据课上表现对个别学生做出升降调整，再做分层后实施分类教学，使每个学生都能在适合自己的层级中得到有效的学习。教学完成后，由教师或学生对本次课的学习情况进行总结评价。

### 4. 信息互动反馈

由于每节课中两层学生的学习任务不同，以及教师兼顾学生的范围有限，因此在每节课的后半段加入信息互动反馈环节，通过相互交流促进知识的掌握。例如，基础层学生讲述每节课学习的网球技术要点，提高层学生加以补充完善，在层与层之间的交流中，提高层学生的网球技术得到加强巩固，基础层学生的网球技术得到纠正和改进，实现共同进步。通过信息互动反馈，还可以培养学生发现问题、解决问题的能力，并且在互动过程中提高学生的学习能力，对学生综合素质的提升大有裨益。技术掌握较慢的学生在教师和同学的帮助下，也可渐渐树立自信心，培养团结合作的精神。

### 5. 动态评价

与传统教学依据期末考核进行最终评价不同，动态分层教学模式要求教师根据不同学生的具体情况，采用不同的评价手段做出合理评价，要用发展的眼光来评价学生，评价不仅要看学生的学习成绩，也要关注学生的能力和潜力，善于发现学生的闪光点。只要学生取得了进步就应该得到积极的、鼓励的评价。

动态评价主要应用于教学过程中，对基础层的学生可以更多地运用过程性评价，使他们感受到自己的点滴进步，获得成功体验，从而激发学习动力；教师进行巡回指导时，适合运用形成性评价、诊断性评价，不断反馈给学生学习目标成功与否的信息，并帮助学生找出实际知识掌握水平与预期教学目标之间的差距；在课的结束部分适合运用总结性评价，对教学目标所达到程度的判断。总之，整个评价过程是动态的，教师应运用多重评价方式多次评价学生学习的状态，发挥评价的激励功能和诊断功能，对学生的学习状态做出准确判断。

### 6. 动态调整

第一次分层后并不是一成不变的，如果分层以后无任何变化，久而久之会使学生失去学习动力，所以此时就需要引入动态分层调整机制。教师在每堂课中观察学生的表现情况，对个别学生做出当堂升降调整，使每堂课的教学更加接近学生的"最近发展区"。每隔一个阶段对学生进行考核，依据测试的成绩进行周期性的调整，通过对学生升降调整激发学生的竞争意识。动态分层教学模式的主要特点之一就是始终保持分层的动态调整。具体调整标准及内容如表 2-7 所示。

表 2-7 教学要求及动态调整标准划分

| 级别 | 分层 | 技术要求 | 分层标准 |
|---|---|---|---|
| 初级阶段 1～4 周 | A层 | 初级阶段为动作学习阶段，主要教授网球正、反手抽球技术。要求掌握正、反手抽球动作要领，并能用完整动作完成原地正手有效击打。 | 综合评分：运动态度（20%）＋身体素质（40%）＋网球技评（40%）≥70 分 |
| | B层 | | |
| 巩固阶段 5～8 周 | A层 | 正、反手抽球技术：击球动作规范流畅，正反手自由切换并能打出有效击球；发球技术：基本掌握完整发球动作。 | 综合评分：运动态度（25%）＋身体素质（25%）＋正手技评（50%）≥75 分 |
| | B层 | 正、反手抽球技术：结合有球练习提高熟练度，增加自信，强调动作的规范发球技术：分解动作击球流畅。 | |
| 提高阶段 9～12 周 | A层 | 正、反手抽球技术：对击球点判断准确，并能在小范围移动中打出有效击球；发球技术：发球动作规范流畅，减少失误。 | 综合评分：运动态度（25%）＋身体素质（25%）＋反手技评（50%）≥80 分 |
| | B层 | 正、反手抽球技术：步伐合理，对击球点做出有效判断；发球技术：掌握规范技术动作。 | |
| 熟练阶段 13～16 周 | A层 | 正、反手抽球技术：移动抽球动作规范流畅，能及时到位，控制球的路线；发球技术：动作稳定规范、发力正确。 | 综合评分：运动态度（25%）＋身体素质（25%）＋单元考核（50%）≥80 分 |
| | B层 | 正、反手抽球技术：落点判断准确，移动到位，基本能控制球的路线；发球技术：发球动作规范流畅，提高成功率。 | |

根据动作技能形成规律分成四个阶段的考核，前三个阶段依据专家的意见制定分层考核标准。此次动态分层调整选定了正手抽球、反手抽球和上手发球作为网球技术单元考核指标，利用课上单元考核阶段进行测评，并结合学生的课堂表现、学生的主观意愿进行层次升降调整。在基础层考核靠前的同学调整至提高层，在提高层考核靠后的同学调整至基础层。

## 7. 心理干预

动态分层教学采用"同质分层"，即身体素质、学习能力大体相当的学生为一层。如果学生不能正确理解教师分层教学的意义，难免会引起学生产生异常的心理状态，就会认为自己比别人差，导致学生缺乏自信心甚至更严重的心理问题。所以在教学过程中教师要及时关注学生的心理变化，一方面及时消除长期处在基础层的部分学生产生的自卑心理，可通过在课堂上请他们做正确示范动作等方式，给予其更多的鼓励，提高其自信心；另一方面，在进行层次的升降时，对升入提高层的学生教育其保持先进、戒骄戒躁，对降入基础层的学生，着重重视学生的心理状态，对其做出心理上的积极性引导，鼓励学生不要气馁，避免学生出现情绪低落、自卑无助的心理，激励他们通过刻苦练习争取下次调整时再晋升回去。

# 第三节　高校体育教学模式的生态化

## 一、高校体育教学模式创新优化的生态原则

### （一）整体性原则

高校体育教师是否拥有整体观念以及在思考和处理问题时能否采用整体观念对于维持高校体育教育的生态系统平衡有非常重要的作用。影响高校体育教学的效能和高校体育教育功能发挥的因素很多，如高校体育教学生态系统的内部和外部因素以及各种人为原因都会引起高校体育教学的生态系统不平衡等问题。从生态视野创新优化高校体育教学模式要坚持整体性原则，这要求高校体育教师在思考和处理问题的过程中，不仅要重视整体，也要关注局部各要素。古语有"不谋全局者，不足谋一域"的说法，其中蕴含的道理就是全局对各个组成部分有决定性作用。同时，也不能忽略局部对全局的影响，甚至在某些特定情况下局部也可能会对整体起决定作用。因而，高校在制定方针政策、进行资源配置以及调整组织结构等举措时要考虑高校各个部门、各个领域的整体性，以使高校各个部门的管理工作发挥更大的功效。因此，应将整体性原则贯彻于建立组织机构、制定相关制度、方案实施以及检查评估的全过程，创新优化高校体育教学模式，充分协调高校体育教学生态系统内部各要素，确保高校体育教学生态化进程的稳步推进。

### （二）动态性原则

动态性是事物发展的规律和特性之一，高校体育教学生态系统也具有这一特性，因而它的发展也需要遵循这一原则。作为一个具有动态性特征的系统，不仅受到系统内部因素本身的限制，还受其他相关系统的制约，而且这种影响并不是一成不变的，它会随着主体、时间和地点的变化而发生变化，高校体育教学生态系统要保持开放状态，根据外界相关系统的变化不断调整前进的步伐。因此，高校体育教育在发展过程中，要遵循社会发展规律，时刻关注高校体育教育发展的最新动态，掌握最前沿的信息，才能把握高校体育教学生态系统的发展趋势，及时发现自身问题并进行调整改善，以保证高校体育教学生态系统的有效运行，最终实现保持系统平衡的目的。

### （三）系统性原则

所有的系统都是由很多要素组成的，高校体育教学的生态系统也一样，它由许多要素组成，各个要素相互依赖且存在一定联系，从而使高校体育教学生态系统构成了一个具有一定功能的综合整体。这个完整的系统既有内环境又有外环境，既有宏观因素又有微观因素，且各个要素在系统内具有不同的作用，它们的相互作用和相互影响使系统发挥整体功效。因而，从生态视野创新优化高校体育教学模式时需要遵循系统性原则，用系统性观念看问题，在处理高校体育教学问题时要关注各个要素之间的联动性、相关性以及各要素在结构和层次上的连接与协调，以提升系统运行的整体效果。另外，还需要走出高校体育教学生态系统，从系统外的大环境结合各种宏观因素把握高校体育教学生态系统内部的变化和发展，以实现系统内的和谐以及与系统外的整体和谐，使高校体育教学生态系统的功能得到最大限度的发挥。

### （四）差异性原则

在高校体育教学生态系统内部，各个要素以及各个主体既是相互联系的整体又是各自独立的个体，且每个个体都有明显差异，它们在系统中有着自己独特的功能。系统内部的这种差异性运用到高校的教学管理中，体现在学校不仅要整体把握协调各项工作，还必须合理分清每项工作的要求和工作性质。在尊重个体差异的前提下，立足现状和实际需求，区分事情的轻重缓急才能确保学校整体工作有序开展、协同推进。一方面，高校体育教育的管理者不仅要从整体上把握师资队伍，而且要熟悉每一位教师的特点并尊重他们之间存在的差异，遵守扬长避短的原则合理分配工作，使他们的才智得到最大限度的发挥；另一方面，高校体育教师在教学过程中要充分认识到学生个体之间的差异并尊重他们的差异性，因材施教，以使每一个学生的专长和潜能得到最大限度的挖掘与开发，促进学生的自由全面发展。高校体育教学的生态化发展不仅是一种迎合时代发展、满足社会进步需求的全新理念，而且是一种极具生命力的发展理念，因而，这种发展趋势必然是实现高效体育教学可持续发展的理性选择。

## 二、高校体育教学模式创新优化的生态环境

体育教学的生态环境是以体育为中心，对体育教学的产生、存在和发展起制约和调控作用的多元环境体系。其大致分三个层次：一是以体育教学为中心，综合外部自然环境、社会环境和规范环境组成的单个的或复合的教育生态系统；二是以单个学校或某一教学层次为中心构成的，反映教学体系内部的相互关系；三是以学生的个体发展为主线，研究外部环境包括自然、社会和精神因素组成的系统。

此外，生态学还考虑教育对象内在的生理和心理环境。把受教育的人既看作社会的人，又看作生物的人。从这一角度出发，生态视野关注自然环境对人的影响，同时更加关

注社会环境和规范环境对人的作用。

高校体育教学生态环境是教育生态环境的组成部分，它是教育生态环境里所有和高校体育有关系的环境因素的总称。研究生态环境对高校体育教育的作用，可以通过分析生态环境中各因子以及它们与教育的关系和作用机制了解高校体育教育中的物质环境和精神环境是如何相互联系在一起的，这将有利于我们更全面、更扎实地研究和了解高校体育教育的发展规律。

**（一）自然生态环境**

高校体育教学的自然生态环境主要是指高校体育教学场馆和高校体育教学设施，它们是高校体育教学活动得以顺利展开的物质基础。近些年来，虽然我国高校体育基础设施的建设有所发展，高校体育教学周围的自然环境也得到了一定改善。不过由于这些环境问题属于历史遗留问题，且普遍上对这一问题的认识不足，要想改变这种情况也绝非一朝一夕就能完成的。事实上，目前我国高校体育教学的自然生态环境不容乐观，不管是在质量上还是数量上都难以满足体育教学的需求，加之近年来高校不断扩招，大学生数量骤然增加对本来就薄弱的体育设施更是雪上加霜。另外，高校不断扩大办学规模致使建筑空间陷入更加紧张的境地，导致高校体育教学设施不仅得不到改善，反而时常出现被侵占的现象。这些都说明当前我国高校体育教学的自然环境存在严重问题，且环境保护意识太弱了。

高校体育教学生态系统的自然环境是人、体育和自然环境三者处于和谐共生的状态。高校体育教学不仅要把体育知识和技能传授给学生，更要让学生学会如何利用周边的资源提升健康水平。高校体育教育是实现体育事业创新与发展的重要方法之一，高校应该通过体育教育培育或是增强大学生关爱自然的环保意识，共同努力改善高校生态自然环境。反过来，自然环境的改善也有利于高校体育教育的健康发展。只有通过各方面的努力，才能使人、体育和自然环境和谐共处，最终实现三者的可持续发展，达到生态平衡。

**（二）社会生态环境**

高校体育教学模式的社会生态环境主要包括高校体育教学的政治环境、经济环境和家庭环境。

高校体育教学生态系统的政治环境主要体现在执行体育教学制度方面：一是贯彻执行中央制定的相关政策；二是在对高校体育教学策略的实施。高校体育教学的生态平衡与高校管理者对高校体育的认识水平和重视程度有很大关系。如果高校管理者轻视体育教学生态系统，那么高校体育的教学活动开展就会变得很随意，而高校体育的发展也会失衡；反之，如果高校管理者重视体育教学，为高校体育的经费、设备、设施等的充足和完善提供物质保障，高校体育教学活动也能顺利开展，也为高校体育教学生态系统保持平衡提供了制度保障。总之，在高校体育教学的政治环境中，高校管理者对体育的态度会在很大程度上影响高校体育教学生态系统的平衡。

高校体育教学生态系统的经济环境主要体现在体育教学设施经费投入方面，它与高校体育的发展相互影响，一方面，高校体育能够培养满足社会需求的各种各样的人才，促进社会经济的发展；另一方面，经济环境的好坏会制约高校体育的发展。纵观全局，高校体育中的所有设施与制度都从属于国家发展计划，不管采取何种措施对高校体育教学模式进行创新与优化都是为了适应社会、满足社会经济发展的需求。

家庭环境不仅是社会环境中不可缺少的组成部分，也是高校体育教学模式创新优化社会生态环境的根基。家庭对每个人身心发展的重要性是不可估量的，如果家庭环境能营造良好的体育氛围，家长能有意识地引导孩子参与科学锻炼，不仅能达到增强体质、提高免疫力的健身效果，还能锻炼其吃苦耐劳的精神，培养其坚强的意志品质，有助于学生的全面发展。有很多著名的运动员之所以能取得成功，其原因与他们的家庭环境密不可分，如著名篮球运动员姚明就是出身于体育家庭，他的成功与家庭的遗传、熏陶、引导和支持都是密不可分的。因此，高校体育教育的生态平衡离不开学生家庭的支持。

### （三）规范生态环境

高校体育教学的规范生态环境主要包括三方面，分别来自学校、教师和班级。一是社会规范和学校规范，其中最典型的是课堂教学，它作为高校教育的缩影，不仅充分体现了社会要求，也是学生实现社会化过程的重要途径；二是高校体育教师为确保课堂教学活动的顺利开展对学生提出的规范性要求，将这些规范性要求融入课堂教学中就形成了课堂制度；三是作为学生日常学习交流基本单位的班级进行内部管理而形成的规范性制度，也就是我们通常所说的班级管理制度。

# 第五章　高校体育教学的新发展

## 第一节　高校体育教学教育技术的新发展

### 一、教育技术的价值论分析

技术具有内在和外在价值两方面。教育技术的内在价值由其自然特性决定，包括其原理的科学性、有效性及效率性。教育技术原理的科学性是指教育技术应用过程、应用方法及其所依赖的原理是客观的，适用于不同时间、地点的不同社会，具有普遍性；它的有效性是指教育技术能够解决教育、教学中的问题，是科学操作的必然结果；而效率性是指教育技术能够高效地解决教育、教学中存在的问题。教育技术的有效性及其效率性是教育技术内在价值的根本，其原理的科学性是教育技术内在价值得以实现的依据。

#### （一）教育技术价值论研究的基本问题

##### 1. 教育技术的价值内涵

教育技术拥有技术的基本特征，包括技术的外在价值和技术的内在价值。然而它的自然特性决定了它的内在价值，如有效性、科学性等。其科学性特征主要指的是在教育领域中应用教育技术，所采用的应用方法或应用原理，这些技术，即使在不同的时间和地点，其应用方法和应用原理也具有普遍性。其有效性特征主要是指在教育领域中应用教育技术往往能够提高其教学效率，并帮助教育工作者解决教育教学活动中出现的问题。教育技术的内在价值就体现于它的有效性，而只有实现了它的内在价值，才能充分表现出它的科学性，这里的科学性就是它的外在价值。

教育技术的社会属性决定了其外在价值，只有在教师使用它的过程中才会产生外在价值。作为社会系统中的一部分，它存在于其所形成的社会系统中，如果教育技术能够满足外部环境的需要，此时就能够充分展现出它的外在价值。另外，要想真正意义上在外部环境中充分发挥其外在价值，还需要能够发挥这种外在价值的物质条件和人力资源，缺乏这些物质条件和人力资源，也将无法运行它。由此可见，教育技术在社会系统及其子系统中，能够有效提高教学效率和教学质量，满足教育教学需要，解决教育教学的问题。因其科学性和有效性的特征，往往能够满足社会系统及其子系统在教育教学工作中的需要，此时就能够充分实现它的外在价值。

## 2.教育技术的价值负载

人类依靠教育延续文明。在人类社会的发展进程中，也越来越重视教育。在教育事业中渗透了科技发展成果后，推动了教育的改革与发展。在人类文明中，教育和技术是两个矛盾体，它们相互影响、相互促进，但如果教育和技术这两个矛盾体产生矛盾，就会彼此抑制，甚至阻碍对方的发展。技术在教育领域中的普及与推广是一把双刃剑，既会推动人类文明的建设与发展，但同时又有可能会摧毁人类文明。因此，科技进步为人的发展创造了更好的条件，但是也并不利于人的自由全面发展。只有正确地评估技术在教育中的作用和价值，才能找到正确运用教育技术的方法。

### （二）教育技术的正、负效应

#### 1.教育技术的正效应

（1）提高教学质量。当代教育，在教学活动中广泛地运用了多媒体技术、卫星广播电视技术、通信技术、互联网技术等最先进的信息技术，这些技术的出现，改造了传统的教学方法和教学手段，使教师能够以更加生动形象的方式完成课堂讲解工作，并加强了教师和学生之间的互动与沟通。

（2）提高教学效率。当前时代是知识爆炸的时代，海量的知识充斥于世界，人们即使花费毕生的时间和精力，也难以记住所有的知识。学生利用现代信息技术，不仅能够快速搜索知识，同时能够利用技术完成对知识的筛选，且学生还可以利用互联网进行集体讨论，与传统教学相比，学生利用教育技术开展的学习活动效率更高、效果更好。现代教育媒体能够以更加生动和趣味性的方式为学生展示教学内容，以图像、图形、音频以及视频刺激学生的器官，引起学生的注意，有效地激发了学生的主观能动性，甚至可以将学生的大脑充分利用起来，满足学生在信息时代中吸收和学习知识的需要。在教学过程中，教师以直观、形象和充满趣味性的教学内容开展教学活动，学生能够在动静结合的知识学习与技能训练中，更快、更好地掌握知识以及技能，在灵活多变的教学情境下，能够深入地思考问题，实现知识从理性到情感的升华，甚至能够将学生的非智力因素充分调动起来，使其产生积极主动学习的动机以及兴趣。

（3）改进教学模式。改进后的教学模式注重提高学生的创造力和学习能力，在实践和应用中才能帮助学生更好地掌握知识。教育技术运用于教育领域中，能够实现传统教学模式的转型升级。

#### 2.教育技术的负效应

（1）信息污染。信息污染主要指的是网络上对人的健康生存造成不良影响，会降低人的信息活动效率的各类不健康信息、无用信息、虚假信息、过时信息或不良信息。在教育技术平台化和系统化发展的当下，也出现了信息污染现象。例如，在学校的论坛以及聊天室中，充斥着大量的虚假信息，这些虚假信息让学生浪费了时间和精力，甚至会占用论坛和聊天室的发布空间。

（2）数字鸿沟。数字鸿沟也被称为信息鸿沟，在信息技术开发领域和应用领域中都存在数字鸿沟现象，主要是指网络技术之间的差距。在教育技术领域也存在着极为明显的教育技术差距。发达国家和发展中国家、同一个国家的经济发达地区和经济欠发达地区，都有可能会存在教育技术鸿沟。一个国家必须充分关注地区之间教育领域的数字鸿沟，只有实现了各地区教育的均衡发展，才能真正实现教育公平。数字鸿沟所带来的是社会的不平等甚至会导致社会各阶层之间出现巨大鸿沟，例如，各阶层的资源分配不均，不同阶层之间会因为鸿沟的出现而无法互动与沟通，最终出现社会分裂。

（3）隐私泄密。在教育技术领域中引入网络以后，尽管网络为人们提取各类信息提供了便利，但人们在互联网中也极其容易泄露个人信息。网络中的个人信息具有极其重要的商业价值，人们在利益的驱使下，往往会将个人信息当作商品售卖，这实际上已经侵犯了个人的隐私权。

（4）知识产权侵犯。在信息技术发展进程中，人们开始利用复制技术和传播技术，以隐蔽的方式来复制知识载体，智能产品被随意拷贝，盗版随处可见，严重地侵犯了人们的知识产权。

## 二、关于教育技术价值的争论

### （一）教育技术价值中立学说

教育技术价值中立学说认为，技术本身并不具备目的，而是人们为了实现某个目标而采取的手段，因此，技术本身并无善恶之分。

教育技术价值中立者认为：第一，技术只是为了实现某个目的所采用的纯粹手段，其作为工具或手段本身具有中立性，只是技术与其所服务的价值目的之间存在相关性；第二，技术本身不涉及伦理问题和政治问题，如计算机、机械、智能机器人等，在任何社会中都能够发挥作用和价值，这些技术本身与社会因素和政治因素毫无关联；第三，技术的理性特征以及普遍性决定了技术在社会中价值的中立性，在任何社会中，该项技术都能够发挥其应有的作用；第四，技术具备普遍性，那么在不同的社会制度和社会背景中，都可以采用同一个度量标准对技术的作用进行评估①。

但是深刻地分析教育领域中的教育技术活动，可以发现价值中立学说忽视了人与人之间的关系和人与自然之间的关系，但这些关系却拥有十分丰富的内涵。马克思曾说："技

---

① F. 拉普. 技术哲学论［M］. 沈阳：辽宁科学技术出版社，1986.

术的出现，为人们解读人和自然之间的劳动关系提供了一条新的思路，技术能够展现出人的生产活动的全过程，进而展现出人所在社会的各类关系的总和，表现出人的劳动生产的文化内涵。"①"工艺充分展示了人和自然之间的能动关系，人的生产活动的过程将直接通过工艺来展现，人们在社会实践活动中所产生的精神观念也可以通过工艺来展现。"② 教育技术价值的中立学说，将其看作一种超脱于历史和现实存在的东西，只过度地关注了教育技术的自然属性，而忽视了其中所存在的显著的社会属性，忽视了教育技术是人类理性和智慧的产物，忽视了人类创造活动和技术之间的本质关系。

例如，在 2019 年末突然暴发的新型冠状病毒疫情对我国各个领域都造成了影响，尤其是教育领域。由于疫情影响，全国各地的高校均宣布推迟开学，相关学生工作也因此被搬上了"云端"。一方面，学校充分用好、用活学生工作处官微、掌上大学等微信公众号，及时宣传党中央、国务院决策部署和教育部、学校工作落实进展，加大相关政策举措解读，主动发声、正面引导，同时组织辅导员、学生骨干精心策划选题，撰写原创推文，传播科学防控知识，加强学生教育引导，讲述学校防疫抗疫一线的感人事迹，坚持新媒体平台每天有信息、持续有声音，不断鼓励学生，让他们觉得不是自己一个人在战斗。另一方面，通过教务部门的努力，搭建起了线上教学平台，积极开展线上授课和线上学习等在线教学活动，保证疫情防控期间的教学进度和教学质量，实现"停课不停教，停课不停学"的目标。这些举措都是高校教育技术及其应用的价值体现，它在这个特殊的时期承担起了人类创造活动的关键部分，此时的教育技术及其相关应用并不只是教学的工具或设备，而是所有物质手段和方法论的总和，也蕴含着创造者的价值观、意志以及信仰，其中也渗透着这个社会的普遍性标准，这也是技术价值符合理论的理论依据。

### （二）教育技术价值负荷说

技术研究的是人所创造的物。人们造物的根本目的是获得利益，满足人类社会劳动中的某个目的，能照顾最本质的价值，就是能够为人的活动创造价值，人造物对人的价值决定了人造物的价值。因此，人造物和人之间的利益关系，直接决定了人对待人造物的态度。从表面来看，技术的出现使物体拥有了更加丰富的功能，能够更好地满足人的需要。在技术研究活动中，除了研究技术以外，还研究人造物对人产生的影响，技术研究者必须对人造物产生的影响负责。正是因为人造物能够满足人类的目的，为人类谋取利益，人们才会造物，如果人造物失去了为人类服务的价值，那么其也就丧失了本身价值。

"价值负荷"理论认为技术并不是一种中性物，而是社会中承载人的价值的载体，因此，技术本身拥有十分丰富的文化内涵、伦理内涵和政治内涵，价值符合理论与当时社会

---

① 马克思．资本论第一卷［M］．北京：人民出版社，1975.
② 马克思．资本论第一卷［M］．北京：人民出版社，1975.

的价值观不谋而合。①

　　本书认为价值"负荷"理论更加符合当前社会，究其原因：即创造技术的主体价值以及目的与技术的产生有着不可分割的联系，因此，人的意志和追求往往渗透于技术中，那么技术就必然具备负荷价值。另外，人作为主体创造了技术，那么在构建技术系统的过程中，人必然会在其中渗透自己的价值观念，而人也是技术系统中不可或缺的一部分，那么在技术中必然会负载着人的价值。陈昌曙曾经批评道："如果过分强调技术不分是非善恶，将技术看作是一个中性的工具，并且将技术的社会应用和技术本身有效区分开，确实也难以进行充分的证明。例如，研究化学武器和细菌武器的技术，本身不能称之为恶的技术。从道理上来看，区分技术本身和技术应用并不合理，这是因为如果技术脱离了技术应用，就无法充分展现其完整的意义和价值，这里的技术也将不再是完整的现实的技术。"②

　　在教学活动中，教育技术作为培养学习主体的一种外在力量，通常表现出了教学主体的意志或价值观，带有明显的价值取向。例如，在网络教学活动中，往往充分展现了教学主体的价值观以及思维模式，他们会对学习主体的上网时间、上网方式和上网内容进行规定和监控，要求其按照教学主体既定的方向开展网络教学，从而避免在互联网中迷失方向。如果网络是教学主体开展教育工作的一个工具，与价值无关，那么社会中所关注的网络异化问题，其本质就是网络少年个人的问题，那么社会上提出的控制未成年人上网时间和上网内容，净化网络空间的说法就不再具备现实意义。由此来看，技术本身带有明显的价值取向，被人为地进行了价值传播。

　　如果人类征服自然和社会的载体是技术，那么技术必然也会征服人本身。而技术本身并无生命，但是人类在使用技术时，往往会赋予技术价值或意识，使得技术带有某种偏向性，甚至在无意中造成某种后果。使用技术的个人发生变化以后，这个个体所在的群体及社会也将随之发生变化。科学技术对当代社会的发展产生了极为深远的影响，可以明显看到人们已经越来越依赖和服从技术，甚至被技术所奴役，出现了技术决定人的生存方式和生活方式的情况，技术异化现象极其显著。

　　同样以疫情期间的高校线上教学为例。自全国各级高校开启线上教学以来，各种各样的问题也逐渐呈现在人们面前。首先，网络授课是一种较新颖的教学模式，对教师们，特别是年纪较大的教师们造成了一定程度上的困扰，即使部分课程是通过录播的形式来实现的，但有的课程还需要通过直播的方式来实现，许多教师匆匆上马，但还是不能熟练地将网络手段和网络资源运用到教学中。硬件的条件好解决，教师们可以克服困难去解决，但软件上的问题才是更深层次的问题，教师和学生的互动变得非常困难，许多教师上课看不到学生的反应，只是单纯地照本宣科，师生间缺少有效互动，教师根本兼顾不了所有学

　　① 许良. 技术哲学［M］. 上海：复旦大学出版社，2004.
　　② 陈昌曙. 技术哲学引论［M］. 北京：科学出版社，1999.

生，更无法了解授课后的真实效果。而作为学生也很无奈，学习本身就是一件枯燥而重复的工作，所以许多学生态度消极，效果可想而知。因此，在教育技术已经能够完全支持教育活动的同时，如何面对并解决这些异化现象，使得教学主体在准备授课内容的同时还要花费大量精力去保证学习主体不丧失主动性，其技术的价值负荷从此得以体现。

### （三）教育技术价值工具说

海德格尔认为，技术是目的的手段，也是人的行动。现代学者在研究技术哲学时，也基于海德格尔所提出的关于技术的解释，提出技术包含技术的效力、制作以及技术本身[①]。海德格尔认为："技术的工具性规定本身就是正确的。"但他在后来的技术哲学研究中，又提出："正确的东西并不意味就是真实的东西，而只有真实的东西才能真正实现人的自由发展，才能真正将人们带入一种自由的关系。"[②] 事实上，海德格尔关于技术哲学提出的两个观点本身就是相同的，他承认了技术具有工具性的特征，但同时认为技术具有价值负荷。技术工具性特点证明了技术是人类的一种工具和手段，用来满足人类的某种需求。当然这种理论也使得人们认为可以无忧无虑地使用技术服务于人类社会，将技术看作是某种工具或者玩物，并未深刻考虑技术和人之间的关系。

目前教育教学领域仍将教育技术看作是一种教育工具或教育手段，认为教育技术在教学活动中主要发挥辅助作用，并且将其和教学媒体等同起来，统称为教育活动中的教学手段。但研究技术的发展和技术的认知并不同步，而随着现代社会中信息技术的不断发展、普及、推广，现代社会中的技术性质、技术价值、技术形态以及技术使用方式都发生了变化，采用传统的技术价值观来认识技术并不能够真正理解技术的本质内涵，反而还会产生各种各样的新问题。尤其是在近现代人文主义思潮的影响下，人们对技术的理解开始出现较为明显的局限性。

## 三、对教育技术实践中工具论的批判与反思

将教育技术和教学媒体等同起来，认为其就是教学活动中的一种工具或手段，实质上已经忽视了教育技术中的"人性"特点，此时就可能混淆物质生产和培养人这两种实践活动的本质内涵。部分学者习惯于利用劳动生产中的生产关系来看待教学实践活动，并认为教育技术就是教师改造学生的工具，从根本上忽视了人和人、主体和主体在教学活动中的关系。如果教师只是将技术看作是改造学生的工具，那么教师也只是将学生看作是传递知识的容器，而未能将学生看作是一个鲜活的生命，忽视了学生在学习活动中的主体性和能动性。

在教学实践活动中，只是简单地将教育技术看作是一种工具或教学手段，这实际上是

---

[①]　刚特·邵伊博尔德. 海德格尔分析新时代的技术 [M]. 北京：中国社会科学出版社，1993.

[②]　刚特·邵伊博尔德. 海德格尔分析新时代的技术 [M]. 北京：中国社会科学出版社，1993.

对教育技术的低估，将它看作是教育活动中的一种附庸工具，是死的东西，却忽视了技术中的活动特性。技术在教学活动中具有一定的能动性，教师也可以利用教育技术开展创造性活动。因此，将教育技术看作是一种工具或手段，必然会僵化它和教学的关系，无法深刻而全面地理解技术和人之间的关系。例如，在教育活动中引入网络技术和计算机多媒体技术，就能够为学生创设教学情境，以更加直观和形象的形式为学生展示教学内容，促进学生思维，烘托教学氛围。此外，教师和学生也可以利用多媒体技术和网络技术实现传统教学方式的转型升级，方便学生进行自主学习和个性化学习。目前，在我国教育领域中普遍重视有机结合信息技术和学科课程，利用教育技术实现学生学习方式以及教师教学模式的全面变革，无一例外，新技术的出现提高了教学效果和教学效率，使教学发生了根本性的变化。基于传统媒体观，将教育技术看作是僵化的教学手段或教学工具实质上低估了它在教育活动中的价值，同时也不利于教师和学生在教学活动中基于信息技术发挥创造性和创新性。

将教育技术看成是一种教学工具或手段，就会错误地以为教育技术就是教师的一种教学工具，并将其和传统教学中的黑板、投影仪、电视以及幻灯片等等同起来，并认为这些技术是教师的专属权利。教师利用这些教学媒体向学生传递知识和信息，学生成为教师传递知识和信息的容器，只能被动地接受教师利用教学媒体所传递的信息，导致学生成为被改造的课题，未能将技术提高学习效率的作用发挥出来，反而需要学习技术，被技术所奴役。与传统教学媒体相比，现代信息技术具有个性化，这也是其最显著的特征。在教育工作中，教育技术不仅仅是教师的教育工具，也是学生的学习工具，能够发挥学的作用，使学生利用教育技术开展自主学习和个性化学习，充分发挥学生在学习中的主观能动性。它不仅仅是物质技术，还包括观念技术。物质技术是一种客观外在的，以物质形态为载体表现出来的技术形式，如依托某种教学材料开展教学活动，这种物质技术只能向学生传递知识，并不足以发挥学生在学习活动中的主体性和能动性。将教育技术和物质技术等同起来，并不利于推动人的自由全面发展，与现代教学中关于人全面发展的价值观相悖。

## 四、教育技术在体育教学中运用的优势

### （一）激发学生体育学习和体育锻炼的兴趣

传统的体育课堂上，体育教师根据教学大纲进行教学，学生按照教师的要求和讲解进行学习，这种大包大揽的教学模式会导致一部分学生对教学内容不感兴趣，很难发挥学生学习的能动性，学生的体育学习更像是身体上的负担，枯燥的体育教学很容易使学生对体育课堂产生厌烦情绪，进而抵触体育运动，与终身体育的思想背道而驰。教育技术将声音与画面相结合，静态画面和动态场景相结合，具有形象生动、直观具体的特点，调动学生视觉感官和听觉感官共同参与教学活动，启迪学生思维。通过教育技术在体育学科上的应

用，可以利用上课前的图片、视频等方式进行课堂导入，激发学生的学习兴趣。例如，在进行行进中单手低手投篮教学时，课前可以通过播放姚明、乔丹等知名篮球运动员的照片引出本节课要学习的体育运动，再播放 NBA、CBA 等联赛中优秀运动员的行进中单手低手投篮的技术动作，给学生带来运动美的享受，让学生领略体育的魅力，充分调动学生学习的积极性，促进终身体育理念的发展。

### （二）提高学生掌握运动技能和知识的效果

教育技术进入高校体育课堂教学，倡导多元智能理论的践行。与文化课学习中有的学生擅长文科，有的学生擅长理科一样，体育课堂上的学生在速度、力量、耐力、灵敏、柔韧、协调方面也存在个体差异。但在传统的体育课堂上，教师难以在不同的项目上根据不同学生的基础和身体素质来进行区别教学，整体性的教学又会导致有基础、学习能力较强的学生越来越喜欢学习体育运动技能，而基础较差和理解能力较差的学生"掉队"，彻底失去学习的兴趣和热情，到最后使体育运动技能的学习情况出现严重的两极分化。在体育课堂上运用教育技术教师则可以结合教学课件进行运动技能的讲解教学，学生也可以有选择性地观看课件学习不同层次的教学内容，基础好、学习能力强的学生可以观察具体细节，在完成教师设定的学习目标情况下，追求更高水平的技巧；而学习能力一般的同学可反复观看教学步骤，完成基础的动作技能学习目标。这种教学方法实现了"学得快的吃得好，学得慢的吃得饱"的差别教学，使学生的学习效率实现最大化。

### （三）有利于学生对运动技术形成完整动作表象

体育运动具有连贯性、瞬时性的特点。在传统体育课堂上，虽然大部分教师采用分解式教学法，但是教授类似行进中单手低手投篮这样的技术时，由于这样的动作具有瞬时性，教师不能通过一次示范完成所有的教学细节，每一次的示范只讲一个重难点又不现实，所以教学进度缓慢。而教育技术则恰恰具有回放、重复播放甚至慢速播放的功能，在教复杂动作和瞬时动作时，通过观看教学视频，直观地建立起整个动作的表象，再通过慢放和回放，突出重难点，让学生抓住技术动作的关键。例如，在讲解篮球运动中联防的内容前，可以通过播放在联防阵形中每个同学的位置变化来帮助同学在脑海里提前建立好联防的模型，从而更快、更直观地完成教学内容。体育教师在某一专项上专业知识不强或体育教师年纪较大不能示范的情况下，可以通过播放专业运动员先进技术的视频搭配具体细节的讲解，同样可以完成相同的教学效果。

### （四）完善体育学习的评价体系

与其他学科学习情况可以反映到最终的考试成绩上有所不同，体育学科的学习情况具有很强的外显性。传统体育课上只能依据学生最后的技术动作、测试成绩按照统一的标准进行终结性评价，但由于不同学生之间身心发展具有差异性，运动的基础和身体素质的不同，导致这种评价方式并不客观，并不能完整地反映出学生的学习情况。而应用教育技术辅助体育教学时，教师可以借助平板电脑、录像机等智能设备，将学生课堂表现和学习情况记录下来，以电子档案的形式记录学生每个单位模块的学习效果，并以此对学生进行形成性评价。在期末进行总结性评价时，并不需要制定统一的评价标准，可以采取个体内差异评价的方法，根据学生学期内的进步情况进行打分，作为期末成绩。这种评价方式充分体现了尊重个体差异的因材施教原则，适当减轻了由于学生身体条件受限带来的体育成绩的压力。

## 第二节　高校体育教学体育文化的新发展

### 一、体育文化建设对高校体育教学的作用

#### (一) 营造高校体育教学的良好氛围

校园体育文化是滋养高校体育发展的土壤，是体育教学的营养来源。校园体育文化的丰富性和趣味性有利于使体育活动成为学生的大众文化活动，也能促进学生潜能、能力和文化素养的发展，担负着把学生从"自然人"转变为"社会人"的重要任务。高校体育文化生活为构建和丰富学生的精神世界提供了广阔的舞台。公平、团结、自强、自信的健康精神和体育文化的传播，以其独特的魅力对学生的课堂和课外生活产生影响。

校园体育文化以无声无息、无踪无影的方式影响着师生的心理，进而影响体育教学的方式和效果。它是潜移默化、耳濡目染的，具有暗示性和渗透性作用。一方面，它以教师教、学生学的课堂教育形式为学生学习体育知识、技术和技能提供了良好的、浓厚的外部氛围。通过切实可感的体育运动、严密有效的体育规则、规范的体育动作以及结合生命科学产生的体育指导，使参与者感受到体育运动给身体带来的无限变化，从而从内心深处接受校园体育文化的引导和熏陶，并逐渐内化为自身的潜意识的言行；另一方面，校园内的体育文化通过课余的体育活动对改善校园人的知识结构、促进身心健康发展起着不可估量的作用。体育文化自身的特点往往能够营造一种亲密无间、彼此信任的心理气氛，达到一种以集体荣誉为共同目标的价值取向，形成共同的道德标准和团队的统一信念，因此，在体育文化的氛围和为共同目标努力奋斗的激励效应下，教师和学生会自觉地产生集体荣誉感，并形成强烈的责任感和使命感，任何人都会为了达到目标贡献一己之力在体育教学过程中，由于集体的力量、公正平等的精神产生激励和进取向上的教育力量，师生们在达成体育教学的目标的同时，感受和发扬人文精神，在追求真知的道路上勇敢探索。

#### (二) 培养高校体育教学中学生的主体意识

当今时代要求高校培养出全方位发展的、富有自主精神的、具有创造力的人才，高等教育要在培养学生的主体意识方面做出更大的努力。主体主要是指对象性活动的承担者和

发起人，而客体是对象性活动的受动者和接受者。学生的主体意识是指在教育活动中，学生应该在教师的引导下完成任务并发挥作用，具体表现为自主性、能动性和创造性。学生的主体意识的发挥是教育的核心，是素质教育的基本要求。高校大学生在教学活动中的自主性首先表现在应该具有独立的、不轻易受他人影响的、坚定的自我意识，并且通过教师的启发和引导，能够自主探索提升自身能力的途径。另外，大学生在接受教育的过程中，应该充分认识到自身的能力，对学习活动进行自我调节和控制，充分发挥自身潜力和主观能动性。

然而，高校体育教学的中心目的仍然是增强学生体质，促进学生身心健康发展。只靠体育教学的实践来达到这一目标是不可能实现的，因此，我们必须依靠校园体育文化的传播和熏陶来提高他们的认知水平，增强体育锻炼和体育技术技能训练的基本意识，培养自主和独立学习的能力，最终让学生养成终身体育意识的良好习惯。

体育文化建设的过程本身包含着许多激发学生的体育兴趣，培养学生参与体育锻炼的自觉性的活动。体育文化建设常常采用竞赛的方式，鼓励学生主动参与。体育竞赛作为体育教学中非常常用的教学方式，是强化和提高学生主体性的体育意识最具活力、参与范围极广且广受学生欢迎的方式。它能快速有效地激发学生群体的上进心、竞争意识和集体荣誉感，让学生发挥自我能动性赢得比赛，还能培养学生的集体主义思想观念，在争取集体荣誉时收获个人荣誉。如在冬季体育教学中，可组织不同范围的拔河比赛，小范围的组与组之间、大范围的班与班之间，以吸引学生积极参与。且随着现代体育运动的多样化，在组织这类活动中，还有学生可以负责啦啦操评比，使其他学生在参与和观看比赛过程中，充满乐趣性和参与感，大家一起出谋划策，为赢得比赛贡献力量。同时，体育文化建设鼓励多样化、丰富化的体育教学活动，这也能极大地促进学生主体性的发挥。如在体育课程的设置中，既要有满足男生喜好竞赛性强的项目，如足球、篮球；也要设置如体育舞蹈、体操或是羽毛球等课程，以满足女生的喜好，这就充分尊重了学生的主体意识。此外，体育文化建设还要鼓励体育教学以多种方式、新颖的手段展开，从而挖掘学生的运动潜力。体育文化建设推动着教师在教学中采取各种措施以满足学生独特的、根据自身特质产生的合理要求，从而增强体育学习的兴趣，充分发挥他们的主体地位。

### （三）充实高校体育教学的内容和形式

高校的体育文化建设需要丰富多彩、类型多样的体育活动作为支撑，如运动会、体育节、社团建设等，改善了其他教学模式和传统的体育教学模式中单一、枯燥的特点。这些新颖多样的校园体育文化活动，调节了紧张的学习压力，丰富了学生的校园生活，在学生的校园生活中充当着增色剂的角色。

在全面建设体育文化的背景下，体育教学任务的开展要求各高校以体育专业内涵发展为主线，应结合社会对人才培养的需求，搭建综合性的知识结构合理化的课程体系。新时代的体育教学课程提出了许多高要求，如通过创新教学方法、鼓励教师从事相关教学研究工作，使学生的探索意识、创新意识和能力在多元化的教学方式中得以激发和挖掘。另外，教学的组织模式也可以综合创新，如小群体教学法、互动式教学法及合作教学模式等方法的发展及结合。在理论知识的体育教学中，可以采用统一的上课方式加上多媒体教学，给学生以生动、直观的印象；在体育技能课中可以穿插理论教学，在实际实践过程中切实运用理论知识。体育文化的有效建设要求体育教学的内容和形式具有良好的口碑和传播效应，要满足广泛传播性，体育教学就要将教学地点从校内延伸到校外，将人才培养与学科专业特色发展相结合，将统一的要求与个性发展相结合，能够探索出宽口径的创新型人才培养模式，实现人才培养的个性强化，同时又能够有效适应社会。

高校体育教学的形式越多，必然越会引起学生的兴趣，增加学生的参与程度，激发学生的创造力。现代社会文化事业繁荣发展，不少学生都会在课外选择到健身房、舞蹈室或是其他类型的体育运动工作室参加体育锻炼，因为课外的体育活动往往更具趣味性和多样性。这说明在体育文化繁荣发展的今天，高校的体育教学的形式也应该更加贴近学生的实际需求，更加反映学生多样化的需求，才能不被课外的、具有商业性质的体育活动所取代。因此，在建设体育文化口号的大力倡导下，不仅是出于文化建设的主体性地位，更出于被动面临竞争的紧迫性。为了提高参与的广泛性、增强体育教学的效果，学校应该努力建设更多的诸如体育俱乐部、体育社团、体育文化节等具有活力的体育文化形式。

### （四）保障高校体育教学组织的稳定性

从科学认知的角度分析，教师和学生应该以科学的、追求卓越的、锤炼品质的精神踏踏实实、静下心来去探究事物内在的规律，而稳定的高校教学环境就是保证师生静下心来的外部条件。

稳定性是确保教学活动顺利开展的重要前提和保障。体育知识的传授和学习、体育思想的宣扬和传承都要以稳定的体育教学活动为根基。离开了稳定的、安全的、规律性的体育教学活动，一切都是空谈。如果缺乏稳定的秩序作为保障，缺乏纪律性和组织性，那么再丰富多彩的体育教学活动都会变成一场闹剧，学生无法在体育活动中学习到知识，也无法感受到体育活动对精神的磨砺和提升，更无法保障体育活动的完整性和系统性，无法达成体育教学的目标，并且，没有组织性、稳定性和持续性的体育教学活动是对资源的浪费。而体育文化建设在这个时候凸显了自身的优点，它可以弥补这个不足。积极的、浓厚的、强烈的体育文化氛围会在无形中指引着学生主动、持续性地参与体育教学活动，与体育教师以高水平、高参与率、高收获的方式共同完成教学目标，对体育教学的持续性、稳定性开展提供了极大帮助。

## 二、高校体育教学中体育文化建设的改进路径

### （一）高校体育教学中体育物质文化建设改进路径

学校的物质文化建设是整个校园体育文化建设的基础。随着学校办学规模的扩大以及新时代高校体育教学的多元化需求，校园体育的功能和作用也开始向多元化方向发展，这必然要求学校的体育馆、体育设施、体育器材等适应体育文化的多功能需求。但是随着现代设施功能的开发和利用层次不断提高，也给管理、使用、维护和开发带来了新问题，因此，加强体育设施的管理、利用和维护，使其能更大限度地发挥功效与作用是高校体育教学物质文化建设的必由之路。

1. 加强体育设施在体育教学过程中教育导向和文化传播功能

一方面，学校的体育器材设施是学生可以自主使用的物质文化，学校可以通过一定的体育设施教育，为学生自主锻炼提供安全、科学的保障。例如，在每个体育设施旁边设立一个"提示牌"，包括活动名称、使用方法、身体发育的技能和质量、使用中的注意事项、评估标准和示意图等，以便学生有目的、有指导地使用体育器材，形成系统的体育器材知识，提高体育文化素养。此外，体育场旁还可以设置一些国际知名的体育雕塑，增加名人简介和荣誉称号，为学生营造浓厚而高尚的体育氛围。

另一方面，在体育教学过程中，体育教师应该在使用体育设施之前对所运用到的设施、器材进行系统讲解，帮助学生树立系统化的体育思维，而非仅仅专注于运动训练。通过强化对体育设施的关注和学习，学生可以感受到学校、教学以及教师对于体育事业的热爱和认真的态度，能够将精神性的、心理上的体育意识和感悟物化到体育设施上。对具象化的体育设施的学习和关注，有助于学生进一步加深对体育文化的感悟，更好地通过体育设施传播体育文化和体育精神。

2. 强化设计体育人文景观，提升体育物质文化品位

随着高校招生人数的增加，教学所用的基础设施建设力度加大，教学环境得到了很大的改善，但是在物质文化环境的构建中，除了所用设备、器材以及教学环境，还应该包括整体构建的人文景观。在校园内适当挖掘体现高校体育文化特色的人文景观，能够代表一个学校独特的精神风貌和希望传递的价值观，形成具有学校特色的文化氛围，也大大丰富了高校的体育物质文化，达到对学生潜移默化的作用。每所高校的办学历史、办学理念、办学区域、办学方式不尽相同，传统的校园文化和时尚体育文化的影响程度也不同，具有特色的体育文化最直观的体现就是学校的体育场馆构建、布局以及体育雕塑等综合起来的体育人文景观的建设。

高校体育人文景观的建设是提高高校体育文化品位的基础，是高校体育文化的外在标志，对于形成良好的校园体育课堂氛围具有积极的宣传作用。校园内的每一处体育雕塑都

象征着体育精神，活跃着体育氛围，激发着体育热情。

3. 创新体育教学中对空间和设备的利用

作为校园内具有强烈象征意义的体育建筑、雕塑或体育场馆，其自身的建设和展示形式是一种文化现象。通过具体的形式，它们已经成为体育意识和体育文化的现实载体，这些文化现象代表着人们的思想和凝聚的智慧，体现着人们的价值观，对人们产生了潜移默化的影响。因此，在体育教学过程中，应充分利用学校的空间，合理安排体育场地，因地制宜地开展体育文化活动、修建场地、增加器材。体育教学场馆应科学、周密、整洁、明亮。除了传统的体育场馆外，我们还应该增加对新兴空间的利用，如体育展览室、体育宣传窗口和校园体育网络等。

体育教师还应该带领学生创造性地对现有体育设施进行多功能的开发。党的十九大报告提出新时代文化建设的目标是要激发全民族的文化创新和创造活力，只有创新才是推动新时代文化繁荣兴盛的主线。在校师生可以在细微之处贯彻执行十九大报告的精神，如体育设施在设计时，通常只服务于一到两种主要功能，但是许多体育运动和技能训练的设计都是紧密联系的，应该通过转换视角和发挥联想，挖掘体育设施的多种功能。体育教师在教学过程中通过创新教法，既可以达到合理开发和利用场地空间以及设施的效果，还能够激发学生的学习兴趣，调动学生的学习积极性，满足不同层次学生的需求。

创造性地使用体育教学设备在新时代下的集中体现是结合以计算机为核心的信息技术，使教学方法变得易于操作和展示，更加生动、科学和全面地展示教学内容，让学生更易于接受。例如，在体育教学中，许多动作具有连贯性，稍纵即逝，这给教师进行讲解和示范带来了难度，通过利用信息技术可以通过慢放、重放等方式讲解这些复杂的动作，减轻了教师重复多次示范而学生仍不得要领的尴尬境地。同时，许多技术动作的完成需要学生对各自身体的肌肉群的了解和感悟，慢慢带动练习，通过运用多媒体技术，教师能够一边播放肌肉解剖图，一边对学生的动作进行实际指导。

此外，在全球化的驱动下，通过网络互动教学，我们可以更准确地了解国内外体育教学的动态和现状，并将各种体育视听资料和图形资料及时展示在学生面前。体育自身的发展决定了许多更新的内容需要数字化动态演示教学，这是传统教学模式无法完成的，需要网络教育在体育教学中进行有力补充。再者，体育教师应该紧跟社会新现象，并充分利用社会资源补充体育教学，如共享单车的出现，即可被体育教师运用到课堂中进行身体素质训练等内容。

**（二）高校体育教学中体育精神文化建设改进路径**

1. 强化学生在体育教学和体育精神文化建设中的主体地位

目前我国高校体育教学仍然以体育教师为主，学生扮演着参与者和学生的角色，但是，体育精神文化建设的主体却是高校学生。因此，体育教学主体和体育精神文化建设的主体实际上是分离的，只有将体育教学和精神文化建设的主体统一起来，才能够更加有效地促进两者的结合。

在体育教学过程中，可以通过各种各样的形式促进学生成为活动的主体。比如，现代社区拥有多彩的体育活动，学校可通过加强与社区的联系，举办以学生为主体的、服务社区的体育活动。如将体育教学的课堂搬到社区去，由学生充当社区里的体育教师，对社区里的体育运动和比赛进行专业的指导和培训，这对学生更好地理解体育知识、提升自身体育技术和组织指导能力来说无疑是难得的机会。此外，教师可创造性地设计体育课程内容来发挥和强化学生在体育教学过程中的主体地位。例如，以游戏的形式开展体育教学，如分组开设健身房，让学生充当健身教练，获得最多学员的健身房获胜。在此过程中，学生会在非体育课堂时间，每人选择一个项目，并进行设计和多次排练，并在课堂有限的时间内表演或完成不同体育项目的技术动作来吸引学员。教师通过创新性地对课堂内容进行设计，不仅能够发挥学生的主体作用，还能让学生在体育课程之外进行体育活动，让校园充满浓厚的体育氛围。

### 2. 强化体育教学中对特色体育文化的建设

由于我国地域宽广，不同地区之间的人们往往具有不同的传统体育习俗和方式，不同地域的人们也会形成不同的体育观念和兴趣爱好。因此，在体育教学过程中，教师既要遵循国家规定的要求，又要根据不同地区学生的身体特点、习惯、兴趣爱好和体育物质文化等，进行有特色的精神文化建设。

此外，不同的学校应该根据不同的文化传统进行体育教学。学生的兴趣爱好和习惯多与该学校较为优势的项目或是体育文化背景有关，体育教学应该加强对这些方面的培养。因为这些优势项目往往会吸引更多的学生，且加大对优势项目的投入能够将这些项目打造成学校的象征，这样不仅有利于培养学生的自豪感，还能够吸引更多的外部支持，比如政府的投资等。围绕体育文化背景进行体育教学活动的强化，突出传统体育文化的建设，不仅能增强学生参与到体育教学过程的积极性和投入度，还能弘扬地区的体育文化传统。

### 3. 延伸体育教学为体育精神文化建设提供的平台

目前体育竞赛、体育知识讲座、体育文化节等活动已成为高校体育教学除课堂授课以外的重要形式，我国许多高校已实现了体育教学形式的丰富化和手段的多样化。尽管高校体育教学在体育精神文化方面取得了长足的发展和进步，但是，高校体育教学活动仍须结合时代的脚步，不断地发展和创新。

除了传统授课的方式，定期举办的体育知识讲座和体育竞赛成为了体育教学采用的重要形式。这种形式所涉及的内容广泛，包括体育和健康、科学与体育、运动与损伤等。并且，许多高校还定期聘请校外知名体育专家或是有建树的运动员到学校给学生授课和讲座，提高学生对体育的兴趣，并提高学生的反应能力和竞争意识。除此之外，学校应该可以能动性地发挥主导作用，联合社会、家庭为体育精神文化建设提供更加广阔的服务平台，例如在高校的体育教学过程中，还可以创造性地借鉴中小学体育比赛的形式，举行亲子运动会和体育竞赛，邀请学生的家长来参与大学生运动会。通过大学生亲子运动会，拉近大学生与父母的距离。家长不仅能够亲自感受校园的体育文化建设，而且能够充当校园体育文化建设的有效传播者，在提升学校的声誉和口碑方面也起着一定的作用。这种学校与家庭联合起来的体育教学形式也是促进高校体育精神文化发展和弘扬的新窗口。

# 第六章　高校体育教学风险防控研究

## 第一节　高校体育教学风险概述

体育教学是学校体育工作的重要组成部分，是在教师的教导和学生的参与下，按照教育计划和体育教学的要求，锻炼身体，增强体质，掌握一定的体育知识、技术、技能，培养良好思想道德品质的有目的、有组织的教育过程。这种教育教学过程具有风险与利益并存的关系，这是由体育教学的诸多不确定因素和突发性，以及学生对体育教学中的风险与安全防卫意识和防卫能力较差决定的。这种教学风险主要来自学生自身的风险与来自体育教师与活动环境及其他方面的风险。个别体育项目风险事故的发生是偶然的，而大量体育风险事故的发生，往往呈明显的规律性。然而，有些练习项目或事件潜在风险发生的可能性很大，且如果发生将会引起严重的后果时，此时主动放弃这些练习项目或事件的做法就称为回避风险。因此，师生充分认识风险与风险利益的不确定因素，能有效规避体育教学风险。

### 一、相关概念界定

#### （一）风险

风险是一种相对抽象的概念，与现实的实际情况相比具有一定的主观性、不确定性，是一种普遍存在于现实和人们观念中的客观观念。具体而言，风险又分为广义的风险和狭义的风险。广义的风险表现为不确定性，多指向风险所产生的结果可能带来的一定的损失、获利或者是无损失也无获利；而狭义的风险则是表现为损失的不确定性，认为风险只能体现出损失，而没有获利的可能性。在高校体育教学中所存在的风险是指狭义的风险，但是也能够从侧面产生经济效益，比如，科学的风险管理机制能够有效地减少高校体育教学中教师、学生事故的发生，在减少家庭、学校工作压力的同时也能够节约处理事故所花费的人力、财力、物力。

#### （二）体育教学风险

风险是客观存在，具有不确定性，它与客观环境和一定的时空条件有关，当这些条件发生变化时，风险也可能发生变化。从概率论角度说，风险的大小决定于条件损失概率分布的期望值和标准差，其大小可量度。而体育教学风险是指在学校体育教学中，由于体育教学本身或外部的不确定性因素存在，给利益主体（社会、学校、学生等）的预期之外的收获或损失。从而可见，体育教学虽然存在着潜在的风险，但在促进人的发展过程中，孕育着更大的利益。所以，体育教学风险实质是一种风险利益活动，并伴随着体育教学活动始终。

## 二、体育教学风险的种类

高校体育教学的安全一直是我国教育部门所关心的重大问题，并受到社会各界的普遍关注，高校体育教学风险一直是普遍存在于高校教学中的不可规避的风险。体育教学风险的产生具有复杂性、综合性，有多方面的因素，主要体现为人为因素、物质因素、制度因素。

### （一）人为风险

#### 1. 教师

高校体育教师在体育教学活动中占主导地位，体育教学活动的正常开展是在体育教师的指导下进行的。体育教师本身的素质、风险意识、教学技能、教学经验等都能够直接影响到体育教学的质量。在教学活动中体育教师首先要对课堂的风险有较高的警惕性，充分重视教学活动中的不安全因素，只有时刻把"安全第一"的理念作为指导思想才能够从根本上把握安全教学。首先，高校体育教师所具备的安全意识的强弱是做好高校体育风险管理工作的重要因素，安全意识越强，教学风险管理工作就越容易开展。其次，高校体育教师应该树立良好的安全责任意识。最后，教师的教学自身素质、教学技能也是扩大体育教学风险的重要原因。一名合格的高校体育教师在教学活动中能够根据不同的教学对象、不同的教学环境来组织教学。比如，在教学中能够迅速发现安全隐患，并且能够根据所教授的内容对相关风险进行有效的规避。

#### 2. 学生

当代大学生中，独生子女所占的比例越来越大，他们喜欢张扬个性，自我意识较强，身上的娇气较为浓厚，个别学生还存在着不良习惯，这些不良习惯在高校体育教学活动中所体现的危害是很大的。从身体素质来讲，当代大学生由于缺少体育锻炼，自身的身体机能水平较低，最终导致身体素质整体下滑，在抵御体育教学活动中的风险时，有着明显的劣势。从思想意识来看，由于独生子女在家庭、中小学的环境中得到较好的保护，因此，在日常的教学活动中安全意识远远低于平均水平。高校学生安全意识不强也是形成教学风险的重要因素。从活动倾向上来看，新奇的、有一定技术含量的同时又带有较高危险性的体育活动对于当代大学生有着较强的吸引力，加之学生的技术水平不高、安全意识低就进一步扩大了高校体育教学的风险性。

## （二）物质风险

高校体育教学是一个庞大而又复杂的过程，在这一过程中除人为风险外还有更多的物质风险，例如场地、器材的提供与维护、资金的投入、环境的安全保障等。其中，场地、器材是学校开展体育活动的首要条件，也是体育活动的重要保障。同时，场地和器材是引发安全事故最主要的外部因素。场地、器材的维护离不开资金的支持，但有些高校由于资金的缺乏或者不合理分配，致使场地失修、器材老化，最终导致体育教学风险系数的增大。

### 三、体育教学风险的因素

近些年来，学校体育风险事故话题热度不断上升，体育风险越来越成为高校工作的重中之重。风险具有客观性、损害性及不确定性等特点，其与学校体育竞争、对抗的特点相结合，形成了局域内的特殊问题——学校体育风险。

体育课与课外体育活动是学校体育的主要成分，课堂上学生在体育教师的组织下有序地进行身体活动，学生在课外自由选择体育运动项目进行活动。导致风险事故的主因是体育活动对抗性、竞争性的特殊属性，然而学校体育活动中的风险不仅限于体育活动自身的危险性，天气状况、体育设施及运动者的生理状态等因素，也是综合构成学校体育风险的因素。

### （一）客观因素

恶劣的天气条件以及陈旧破损的场地器材是高校体育风险的客观致险因素，从而导致意外伤害事故发生在体育教学过程中。学生的体育参与大多是在户外进行的，影响较大的因素是天气条件。夏季户外温度较高时可导致学生在体育活动中发生中暑现象，北方秋季多风的天气状况容易造成器材的损坏，在冬季温度较低时学生容易感冒或冻伤，雨雪天气地面较为湿滑，学生容易摔倒发生意外，雾霾天气可能导致学生呼吸道疾病的发生。损坏的体育器材设施在学生进行体育活动时，带来意外伤害的隐患，一大部分的意外伤害源于体育场地设施问题。部分学校体育场地存在过度损耗，或器材固定不牢造成学生受伤。另外，也存在学校体育场地设施生均分配不足、空间布局不合理的状况，学生进行体育活动时秩序混乱，容易诱发体育伤害。在体育风险发生的客观因素中，气候条件属于不可抗拒因素，只能通过回避风险来减少风险事故发生的概率，教学基础条件因素成为高校体育教学风险发生的主要客观因素。

### （二）主观因素

#### 1. 教学内容安排不合理

《学校体育工作条例》第八条规定：体育教学应遵循学生身心发展的规律，教学内容应符合教学大纲的要求，符合学生年龄、性别特点和所在地区地理、气候条件。因此，教学内容的安排要与教学大纲、教学目标一致。教学内容的选择必须遵循身心发展的规律，符合解剖、生理特点，符合人体机能适应性规律，以及人体机能活动能力变化性规律。内容安排上要注意上肢与下肢等的练习相结合，以免造成学生的下肢负担过重，造成腿部受伤，甚至由于体力不支而导致摔伤，从而造成更严重的后果。

2. 教师对体育教学风险缺乏重视

大部分体育教师在课堂常规部分会提醒学生课堂中存在的风险，能够在教学中时刻关注学生技术动作的完成情况，但不排除教师组织学生进行体育活动时会出现组织不当的情况，当发生班次或场地使用冲突的情况，这就可能会导致学生在混乱的情况下发生意外。

体育教师具有处理临时突发事件的能力，是事故被良好处理的第一要素。由于风险发生的偶然性，大部分教师缺少处理突发事件的经验，这就不能做到在最早时间挽回损失。

体育教学组织是指教师根据体育教学特点、任务，对学生、场地器材合理安排时所采取的措施。而体育教学组织风险是指在体育教学组织过程中发生的风险事件。因此，体育教师在备课时，应根据教学目标、教学内容和学生性别、年龄特点，以及场地器材等实际情况，选择有效的、科学的、合理的组织教法。对容易发生危险的练习，要做到心中有数，制定出行之有效的组织措施。教学中，教师要精讲多练，示范动作规范，并要求学生集中注意力观察教师的示范，听、看、想等相结合，运用大脑想象自己做出较规范动作的表象，并从心理、生理、体能上做好练习准备。

3. 学生在体育活动中缺乏防范意识

学生对学校体育风险缺乏足够的防范意识，对教师在课堂中贯穿的风险提醒不够重视，对教师的要求未能完整地实行。一些学生在进行体育活动时，不能进行科学的热身活动与整理活动，在运动中使用的技术动作不合理，致使身体受损；部分学生对自身体能缺乏了解与认知，不能合理安排运动负荷，从而导致体育活动中发生受伤，甚至猝死的现象。大部分学生不能在剧烈运动时佩戴相应护具，运动保护意识较差，同时学生缺乏对运动损伤进行简易处理的能力，容易引发意外伤害。

准备活动是体育课、训练课以及比赛不可缺少的重要环节。如果没有充分的准备活动就进行激烈的体育活动，会使内脏器官的机能不能适应肌肉运动的要求，将产生头晕、恶心、呕吐，甚至休克等不良的生理反应现象，对人体健康有一定损害。准备活动要有针对性，除了一般性的慢跑和徒手操外，还要根据教学内容，对主要参与活动的肌肉、关节、韧带等进行进一步的拉伸和伸展，减少肌肉与韧带的黏滞性，增加弹性，加大关节的灵活性，从而能有效地预防损伤，规避体育教学风险。

4. 学校医疗制度不完善

首先应提及的是部分高校未对师生进行紧急情况下的医疗救治培训，教师与学生缺乏对紧急事件的判断及处理能力，贸然进行救治可能会对伤者造成二次伤害。部分高校的校医室医疗条件较差，医疗资源缺乏，不具备紧急救治的条件和能力。根据意外伤害就近紧急救治原则，不完善的学校医疗制度，低水平的医疗保障，将会贻误最佳治疗时期，为后期事故的处理增加难度。

体育运动随时会产生运动风险，这是由体育活动的本质所决定的，没有风险的运动也就不叫运动了。体育活动有大量的身体接触，激烈的竞争和肌肉用力，运动中难免出现运动损伤风险。同时，由于学生对运动项目本身存在的危险缺乏预见性，自我保护和帮助的意识不足，也会导致体育风险的发生。如足球等体育项目，其竞争性、对抗性很强，特别是在教学比赛中，学生较强的集体荣誉感，以及争强好胜的特点，同样会带来体育风险。因此，提高学生对运动危险的预见性，做到防患于未然，可最大限度地规避体育教学风险。

### 四、体育教学风险的识别

通过构建体育教学活动风险识别标准，可以使教师和学生对风险特征具体化，利于教师和学生在体育教学活动中进行防患。学生进行某些项目的体育运动过程中存在着一定的风险，通过构建体育教学活动风险识别标准可以有效地降低体育教学风险。体育教学风险是多维度的，体育运动自身存在着危险性，体育教学组织管理也存在着危险性，二者交织在一起，形成了体育教学风险重叠，稍有不慎就会导致伤害事故的发生。因此，如果不能够降低风险的复杂性，必须做到对潜在风险的识别，从而采取有效的手段措施加以预防。体育教学风险有其不确定性的特征，同时又具有潜在性的特征，因此很难做到将所有的风险都有效地识别出来，所以需要体育工作者们进行长期的风险特征识别和积累，并将其不断地更新到体育教学风险识别标准中。当今的大学生由于没有运动基础，学生在体育教学活动中容易发生损伤、挫伤等危险。为了迅速提高大学生的体质，避免体育教学风险的发生，高校应该投入更多的人力、物力进行协调管理，从而避免各种风险事故的发生。

# 第二节　高校体育教学风险管理

体育教学风险管理原则的基础上，建立体育教学风险管理系统是避免和降低体育教学风险的最佳方案。体育教学管理系统由体育教学风险预警系统和体育教学风险应急决策系统组成。根据体育教学常见风险的特征，收集相关的信息制作成信息库，根据风险因素的发展趋势，适时地合理更新风险信息库信息。当体育教学活动中的风险值达到预警值的时候，体育教学风险预警机制开始启动，之后的工作由体育教学风险决策系统来完成。

体育教学风险应急决策系统在整个体育教学风险系统中起到决定性的作用。它通常由决策层、执行层和职能层来构成。决策层是由负责体育教学工作的校长及主要领导组成，负责向下级领导传达决策层的意见和策略，并监督和协调相关部门的工作。执行层是指各个部门的主要负责人，在领会校领导传达精神的基础上，向自己的下级传递文件精神。职能层是指在接到执行层领导的命令后，对校级体育教学风险策略进行具体实施的职能人员。在职能层中通常实行责任制，即是谁出错谁负责的制度。体育教学决策系统是一个从上至下紧密联系的链状执行体系，是决策得到快速执行的重要保证。

## 一、体育教学风险管理原则

体育教学风险是指在体育教学活动中，由于教学活动对学生身心造成损害的不确定性称为教学风险。体育教学风险是由风险因素、风险事故、风险损失三者构成的，风险因素是造成体育教学风险的潜在成因，风险事故是体育教学风险的表现形式，风险损失是体育教学风险造成的后果。

体育教学风险管理是避免、减轻体育教学风险的重要手段。体育教学风险管理是指在体育教学风险识别、分析、评估的基础上，采取正确合理的风险管理方法，以最小的投入产生最好的安全教学成果。要想达到避免、减轻体育教学风险，必须了解体育教学活动和体育教学风险管理的基本原理。体育教学活动是以教师为主导、学生为主体，教师按照教学计划，有目的、有组织地引导学生学习的体育活动。体育教学活动包括四个基本要素，即教师、学生、教学内容和教学手段，缺一不可。体育教学活动中，四要素中的任何一个要素发生问题都容易导致体育教学风险。例如，教师缺乏体育教学风险预防常识，学生无视教师引导指示，教学内容超出学生学习能力范畴，教学手段激进不合理等都可以导致体育教学风险的发生。

针对体育教学活动中存在的风险和潜在风险，我们提出了体育教学风险管理的原则。体育教学风险管理原则是对体育教学活动进行观察，并对存在的风险及潜在风险进行识别、分析，并对该项风险进行损失评估，从而采用正确合理的措施，避免和降低体育教学风险发生的概率，减小体育教学损失。下面我们来具体介绍体育教学风险管理的原则。

### （一）预防为主，减小为辅

防患于未然，是避免和降低体育教学风险的最好方法。通过观察体育教学中的现场情况、收集相关信息、掌握体育教学活动的规律、预测体育教学活动未来走势，发现即将出现的问题，采取措施，将可能出现的体育教学风险消灭在萌芽状态。在体育教学活动中，要提前做好各种可能情况预案，纠正在教学活动中存在的偏差，使体育教学活动能够正常进行，减小体育教学风险产生的可能性。学校教育承担着为社会建设培养优秀人才的重任，关系着整个中华民族复兴的未来，稍有不慎就会给国家、个人造成无可估量的损失。体育教学关乎一个人一生的生活、事业的发展，它在强健学生体魄的同时，还要促进学生心理健康的发展，将每一个学生的身心潜力都开放出来。体育教学活动是一项身体的终身教育活动，能够帮助和促进学生正确人生观和价值观的形成，对个人和社会都有着长远的影响。如果在教学活动中发生了教学事故，其对学生和社会所造成的损失也是长期的，对学生个人的成长和社会的发展是极为不利的。因此学校在控制体育教学风险时，首先要以预防为主、减少为辅的原则，从风险源头上切断风险的发生，从而减少学生和社会的损失。

### （二）风险损失最小化原则

既然风险注定要发生，那么我们就要将风险所产生的损失降低到最小化。体育教学活动中所能够产生的风险损失是在一个范围内波动的，教师和教学活动管理者可以采用有效的手段将风险损失降到最低。在能够确定体育教学风险发生的情况下，可以采取两种原则来处理体育教学风险。第一，如果教师或教学管理者能够预测教学风险发生损失的可能性大于发生损失的可能性，教师或是风险管理者会选择投保，反之会选择自留。当风险发生的可能性小于 50% 时，通常选择自留，当大于 50% 时，通常选择投保。但是有些体育教学风险的发生可能性虽然很小，但是一旦发生，风险损失会很大，所以我们要把此类体育教学风险列为特例，也将其加入到投保的范围之列。

### （三）以人为主，以物为辅原则

在中国现今的物质生活条件下，体育教学活动主要是在大自然的条件下进行的，体育教学活动的开展受到诸多因素的影响。这些因素可以分为两类，一类是教学主导和主体，也就是人的因素，另一类是教学环境及条件，也就是说物的因素。从人的方面来说，体育教学活动的开展是围绕着教师、学生来进行的，学校的教学计划、教学内容、教学手段等信息都是通过教师来传递给学生，再由学生来实现的，所以教师和学生是体育教学风险产生的主要影响因素。当教师成为体育教学风险产生的主要因素时，教师所要承担的体育教学风险责任也成为了必然。当学生成为体育教学风险产生的主要因素时，学生的体育兴趣、行为方式、预防隐患意识、技能能力等随之也成为了教学风险因素。所以学校要对教师和学生定期进行体育教学风险的教育，端正教师和学生对待体育教学的态度，对待消极情绪要及时给予指正。

体育教学风险除了与人有关，还深受物的影响。学校体育教学活动是在特定条件下进行的对学生身心教育的体育活动，所以特定条件是我们要考虑的体育教学活动风险的产生因素。在特定条件中，场地、器材、安全护具、空间布置、天气、气候等都影响着体育教学风险产生的可能性。所以教师或教学管理者要保证体育教学活动在安全的硬件条件中进行，对游泳等项目要考虑到天气、气候等因素的影响，严密的组织是防止风险发生的最佳手段。

## （四）成本最低化原则

体育教学活动也可以看作是一种投资，投入大量财力、物力、人力来达到一定预期的学生身心健康的体育教学效益。低成本原则要求教师或是教学管理人员加强管理调控成本，合理调控人力、物力、财力在体育教学活动中的运转，既可以完成学校正常的体育教学活动的开展，又可以避免体育教学风险在体育教学活动中的出现。在低成本原则中，要求学校投入的资本要最小化，而产出的教学效益要达到最大化。通常情况下，教学成本是可以通过实物形式评估的，而产出的教学效益是不可定量评估的。所以在体育教学管理过程中，当体育教学风险损失大于体育教学成本时，投入是合理的。如果体育教学风险损失小于体育教学成本时，投入是不合理的。所以如何合理地控制体育教学成本的投入，并能够有效地减少体育教学风险损失，一直是学术界研究的重点。

## 二、体育教学风险管理意义

高校通过修订风险管理计划，并在风险计划执行中对高校体育教学及体育活动进行行之有效的控制，以避免运动安全事故、伤害、损失的发生。掌握体育教学活动中一切有关的风险成因和处理方法，并加以妥善处理，将风险损失降到最低，是体育互动风险管理的意义。在体育活动风险管理过程中不应该单单避免意外伤害的发生，更应该积极主动地规划风险管理的整体计划，其内容应该包含风险确认、风险分析、风险因素控制等方面，以投入最小成本获得最大安全效益为最终目标。

## 三、体育教学风险管理预防

高校体育风险管理首先是要预防风险事故的发生，其次当风险不幸发生时，需要及时有效地对之进行处理，从而使其带来的损失降低到最低限度。高校体育事故发生的主要环境是体育教学课堂和体育设施场所，因此，在高校体育教学中，体育教师要厘清课堂中可能会发生的风险事件，并增强应对运动风险事件的处理能力。高校在风险管理工作上应认真加强对体育基础设施的日常检修与维护。在风险事故发生和处理后，要及时总结经验和教训，并尽可能避免重复发生类似的风险事故。

### （一）风险管理的制度预防

程序制度和应急制度对风险事故的管理是管理学校体育风险的两个重要方面，学校相关部门应制定相对完备的公共体育课风险管理体系，包括预防风险事故指南、风险事故发生后的应急制度。在事故发生之前，可以采用给师生购买集体保险等办法来合理转移风险。任何人都应该树立清晰的安全意识，认识到危害无处不在，无论怎样防备和谨慎，都不可能完全避免危害事物的产生，应理性认识到危害变乱的偶然性与必然性。当发生风险事故时，学校应该根据已有的应急方案对事故的具体情况积极做好应对措施，有效地控制风险事故的持续侵害。因此，学校应建立全面的应对机制，对风险事故进行系统的管理，并以公开、诚实、快速的原则进行处理，如遇风险事故发生，尚未妥善处理，不得推卸责任。

## （二）风险管理的主体预防

高校体育风险管理的预防主体主要包括体育教师和学生。在体育教学以及学生学习过程中，体育教师应对在体育课和运动中的运动场地与设备以及器材的安全性进行检查，比如在雨后进行体育课教学前，体育教师应检查教学场地，重点关注容易出现积水现象的室外场地，组织学生清理积水，并提醒学生注意安全。要时刻了解学生的身心状态，重点关注患有先天疾病且不适合做剧烈运动的学生，以及女生例假期间对运动的强度适应状况。在课堂中要密切关注学生在运动期间出现的各种可能因运动负荷引发身体损伤的风险事件的产生。在进行体育教学时，教师应对学生分步骤讲解技术要领，演示突发状况下的保护动作，讲解器材的使用方法，及时制止不合理使用器材的行为，教育学生将课堂中的好习惯延续到课外活动之中。体育教师除了在课程讲授过程中应当担起监视与指点学生的使命，还要清楚地使学生了解上课过程中大概会产生的危害事项，并奉告各项平安注重事项，对具有较高危险的活动技术行动，要特别强调不私自操练，应当有专人在旁边指点，注重在活动时不要打闹，遵守纪律。当天气条件不满足室外课开展条件时，应将室外课改为室内课，在课堂中为学生讲解急救知识，传授救助技能。

学生为了保证自身的学习生活，应树立自我保护意识，在运动前自觉做好准备工作，课堂上认真听从教师的指导，使自己保持在教师的视线中。在进行课外体育活动时，应根据自身状况合理安排运动的负荷和时间，团结同学，避免打架斗殴。在进行剧烈运动时，应按照正确的方法佩戴相应护具，保护重要部位不受到伤害。发现体育设施的隐患时，应设置临时警示物，及时上报学校。当意外事故发生时，应保持冷静，立刻联系校医院或呼叫保卫处，切忌擅自处理。

学校应定期面向师生进行相关演练，组织开展主题宣传活动。通过风险演习、视频宣传、海报宣传等方式，面向体育活动的主体，进行安全教育。提高师生预防风险的意识，提高应对风险的能力。当存在天气环境、校园周边环境恶劣的情况时，体育课程主管领导应及时向体育教师发出预警，提醒教师注意防范风险，或暂停室外课的开展。

## （三）场地设施与医疗救护预防

在运动场地及设施的预防措施上，应对存在潜在危险的器材和设施上张贴警告标识，以提醒和告知学生。课堂中体育教师要检查运动场地与设施的安全性，学校相关管理部门应该定期对学校的运动场地与设施进行安全检查，及时更换有隐患的设备，对有隐患的场地放置安全警示标识，设置隔离带，尽快做好修复，严格做到早发现、早处理、早预防。

在处理风险事件过程中，除了及时救治受到损伤的人员外，还应在最短时间把消耗的医疗耗品、存在隐患的运动器材设施进行修复或替换，这就要求高校对学校医疗水平进行评估，保证校医院不仅具有应对日常疾病的能力，更能够进行紧急医疗。校医院应提升对运动疾病的治疗技术，开展到大型医院进行学习进修活动，从技术层面减少风险事故带来的伤害。积极消除因风险事件产生的阴影，除对风险事件中的直接受害者的身体上的修复外，还包括师生的心理和生理上的调整，风险事件的管理还应该包括不影响日后正常的体育课的进行。

### （四）风险事故的善后管理

当采用预防措施没能阻止风险事故发生时，学校应迅速启动应急预案，停止具有隐患的体育活动，组建事故处理小组对受害者的医疗、学习和生活进行妥善安排，对致险的器材设施进行查封和更换。应对风险事件的发生及相应处理时，学校相应部门及相关的教师应当针对事故发生的原因、处理的流程进行深刻的检讨及总结，并同时消除学生及其家长对体育活动安全的后顾之忧，使其能够积极参与校内外的各种体育活动。关于风险事故的处理和检讨所总结的经验教训，应当以各种形式反馈给学校教师、学生、学生家长等各相关部门，以便吸取经验并减少安全事故的发生，同时也要提高公众对于风险意识的认知程度，将更加完善体育风险的管理机制。

# 第三节　高校体育教学风险评估

体育教学风险的评估是先对体育教学活动中存在的各类型风险进行识别，然后进行危险性分析，之后对风险因素进行衡量，确认危险的重要性，对危险范围内的人和物进行危险分析，对高校进行应急能力评估，并制定相应的措施。体育教学活动是有人为因素参与的社会活动，其各方面具有不确定性。高校通过建立风险评估体系，进而对风险进行掌控，将体育教学风险发生的可能性降到最低。在体育教学风险评估中多采用排序法，将可能出现的风险进行风险量化，首先将风险的可能性、严重性、可控性进行打分，然后将三者的分值相乘，从而得出各类型风险的风险量，当风险量越大时，说明风险越大。

## 一、体育教学风险评估的内涵

### （一）体育教学风险评估理论的发展

许多学者的研究成果中对于风险评估理论的分析，存在着不同的见解，而对于评估的操作环节也持有不同的观点。这样使得风险评估没有一个完整的理论作为支撑，造成了理论与实践相脱节，也就导致了研究推进缓慢的结果。

通过查阅有关风险评估的文献，我们可以看出类似于这样研究的文章很多。但是，深入研究后发现，目前的研究只停留在表层的研究中，而高校体育教学中存在的风险，如何去正确评估的研究还很不完善。可以说高校体育教学中风险存在由来已久，认真地分析和定位才能够准确找出风险发生的缘由，进而加以预防，因此，此类研究还须进一步加强。

### （二）高校体育教学过程中的风险

现在的高校体育教学工作仅仅局限于以风险危害安全为主要的任务，缺少追求学生全面发展的积极性和主动性。所以，我们要转变体育教学的思想观念，要对体育教学理论进行深入的研究，特别是要针对高校体育教学风险存在进行深刻认识，把运动伤害事故转化为风险的收益。通过这种认识将使高校体育教学质量得到很好的提高，还能为人类的身体健康、愉快工作、提高身体素质、改进体育教学方法手段以及为体育教学的顺利进行提供理论保障。

## 二、体育教学风险评估的相关内容

风险评估，即安全评估，通过综合考虑风险产生的概率和风险发生后的损失程度及其他相关因素来估算出风险发生的可能性和风险程度。基于发生的损失数据，运用概率论和数理统计的方法，对某一（或几个）特定风险事故发生的概率（或频数）和风险事故发生后可能造成损失的严重程度做定量分析。

### （一）高校体育教学风险评估的体系

高校体育教学风险评估是由上述主要因素形成的一套完整的风险评估体系。全国高校体育教学风险评估是为了评估出主要存在因素，根据评估出来的要素来研究如何评估，评估实施过程要合理，要有针对性。

#### 1. 评估的目标

风险评估有了目标，才能选择评估什么内容，才能确定风险评估人选，决策评估的合理时间，并运用最好的评估方法和手段。高校体育教学风险评估目标是：提高高校体育教学风险评估水平，加强高校体育教学风险评估效益，使高校体育教学风险评估呈现良好的运行模式。

#### 2. 风险评估的对象

风险评估的活动者即为风险评估的客体。要对风险评估的个体活动进行评估，也要看活动过程是否按照相关的要求进行，看课题评估的结果是否准确无误。一方面要考虑高校体育教学风险评估有法可依，另一方面要考虑评估的结果对教师、学生、学校等方面存在风险的程度大小，风险存在的影响是利是弊。

#### 3. 评估权重的设置

评估权重设置要根据高校体育教学评估的侧重点不同，评估主体首先设置学校在风险评估中风险指标体系风险量的大小。评估主体预先设定的单个指标分值占指标体系分值的比重。因为高校体育教学风险评估的主体构成不同，高校体育教学风险评估的预先设置的目标大不一样，所以评估指标的方向也会有所变化。高校体育教学风险评估的主体不同，评估指标的设置也不能完全固定，由实际操作者对主体的不同进行预先的设置。

### （二）高校体育教学风险评估模型

风险评估模型是对风险评估的重要环节，它的建构基础是在一定的评估层次和风险评估指标体系的前提下，结合相应的分析理论和统计学学科知识，逐步搭建的评估体育教学风险的模型。

#### 1. 设定风险评估指标权重

本书选择层次分析法来确定高校体育教学风险评估指标的权重。本模型采用1~9标度法，请有关专家填写判断矩阵。假设建立的判断矩阵为 B=（CKL）P×P，其中 CKL 表示对于上一层元素而言，BC 对 BK 的相对重要性指数。建立了判断矩阵以后，就要对判断矩阵分别单排序并进行一致性检验。

第一，明确单个排列的权重。评估体系里的多个指标权重，可以运用和积法进行换算。

第二，得出结果要对其是否一致进行检验。

第三，计算层次总排序。

#### 2. 模糊综合评估过程的实施

在一定条件下，对于模糊综合评估过程，通常运用一些有关的高等数学理论和一些科学的分析方法进行研究分析。最后，根据得到的评估结果分析整个评估过程，具体操作如下：确立评估指标和要素，规范评估行为；明确关于风险评估的定语；预设风险要素体系权重向量；确定风险要素的隶属度矩阵 R；多层次模糊综合评判。

### （三）高校体育教学风险评估的运行

#### 1. 评估方法的确立

帕累托分析法是根据评估分析内容制定方针，针对不同形式、不同类别开展排列分组，根据内容标注出主要因素和次要因素，再根据主要因素和次要因素制定行动路线。

收集数据。按分析对象和分析内容，根据分析对象和分析的内容开展材料整理，最终以要点的要求进行整理。

数据处理。根据要点的要求、性质分别对资料分析处理，分析面广且包含内容多，如累计数值到什么程度、数值所占比例。

根据数据处理的结果制表分析。

#### 2. 评估过程

体育教学风险评估的过程包括：确定目标、收集信息、分析信息、得出结论。

确定目标：体育教学风险评估先制定最终预想结果，根据预想结果制定策略、方针、整体思路，合理有效地利用资源，选择合理路线。

资料整理：预想效果制定后，根据要求分析数据、取其精华，利用合理方法有针对性地进行整理。采用方法可用多元化的实地考察。

预期效果：对数据进一步研究后，制定预期效果，并获取相关数据，并将相关结果对外告知他人。

### （四）高校风险评估的要求

评估要求的立足点根据多元化的形式探讨风险评估，因需求不同采取方式就不同。多元化的因素取决于那个主体对象是制作者还是使用者；想要关注实施过程还是所要效果或是对其的力度方面，都要仔细思考。

第一，应具有高风亮节的精神、严谨求实的作风、优良的团队，这几项是风险评估的重点要求。

第二，理论联系实际，从实践中更好地理解理论知识，提高自身素质，多与他人沟通交流，不断提升自己，使自己综合的素质得到提升。

第三，选取的课本应适用现代教学目标，可选用多种类型的课本适合体育教学大纲等，使学生更好地获得知识，提升综合素质以适应社会发展。

最后，验证真理的唯一标准就是通过实践，最重要的要素是教育实施过程管理，风险评估效果最终是以管理效果来反映。因此，指标的设立要充分反映风险管理的力度。

通过对高校体育教学过程中风险评估理论的仔细梳理，把高校体育教学风险评估的基本理念、原理和方法进行科学的整合，形成高校体育教学风险评估新的模式。在新的模式下，根据高校体育教学风险评估的要素体系，以及形成的评估执行的准则，对体育教学中风险进行评估归类，最后得出相应的风险评价指标体系。建立评估体育教学的风险模型，对体育教学风险进行系统分析，依据得出的结果，说明高校体育教学风险评估的有效性。

## 第四节　高校体育教学风险防控

高校体育教学活动中的风险，主要涵盖在一般活动风险中。一般活动风险认为人类活动的发生过程中必然包含不确定的因素及不以人的意志为依据产生的结果。而不确定的因素和不以人的意志为依据产生的结果中，可能包含对活动本身有利或有害的可能性。因此，但凡正在发生的人类活动就必然存在不确定、不可预计的损害因素或破坏可能。而经济学上的风险主要体现在投资和回报的关系上。回报越高的投资，必然存在越高的投资风险。显然，高校体育教学活动不为谋求经济上的高回报，而是一种一般性体育教学活动。而一般性体育教学活动中同样存在风险。

## 一、高校体育教学风险不同层面的应对

为了使高校体育教学能持续有序地进行，同时又将其存在的风险所造成的损害降到最低，体育教学工作者有必要对体育教学活动进行管理及构建应对措施。具体而言，可从法律、学校、教师、社会、综合等层面着手。

**（一）法律层面：完善立法，为学校体育教学风险提供法律依据**

对高校体育安全事故能起到规范作用的法律依据主要是我国现行的法律，如《中华人民共和国民法典》《中华人民共和国教育法》《中华人民共和国体育法》等，但这些部门法对于高校体育安全事故主要起到一个统领、原则的规范作用，在细则上并没有体现出来。现今对于处理高校安全事故最主要的细则依据是 2002 年 9 月 1 日教育部颁布的部门规章《学生伤害事故处理办法》（以下简称《办法》），《办法》虽然仅仅作为教育部的一部门规章，但在现实中对于学校的伤害事故处理起到了非常重要的导向作用。然而，依据法理来分析，《办法》的落实和实施过程中确实有与我国现行《中华人民共和国民法典》相抵触的地方。为能合法、合理、有效、得当地处理好学校的安全伤害事故，保障学校、当事人、第三方等各方面的权益，同时有效避免事后的纷争，从法律依据规范的目的出发，当下修改和完善现行的法条是十分有必要的。

**（二）学校层面：从软硬件两个范畴强化体育教学风险应对**

1. 从软制度而言，要建立应对风险事故预案。在对发生过风险事故案例的学校分析研究中，不难发现，具备风险事故预案的学校能从容应对各种风险事故，并且能在第一时间将风险造成的损害控制在有限的范围内。这不仅会保障学生人身安全，理清责任人义务，同时也会减少学校应对风险事故的资金投入。但研究数据表明，建立健全针对体育教学中安全事故预案的高校寥寥无几。因此，高校行政部门、体育教学部门在建立应对高校体育教学的风险事故预案责无旁贷。

由此可见，学生的安全意识教育对于体育教学的安全尤为重要。学生安全意识教育主要体现在：①体育教育与安全教育的结合。体育教学是对学生体育权利的一种体现，而安全教育融合在体育教育中是对学生体育权利的保障。②不同体育项目应注意的特定环节。由于各项体育项目特殊性，在参与前，教师应对此项目所包含的安全因素一一说明，告知注意事项。③体育教学中的纪律要求。体育教学中的纪律性主要体现在教师对学生的掌控能力，一旦学生不在教师的掌控中，安全问题出现的概率将呈几何倍数增长。

2. 从硬件方面看，主要确保学校场地器材的检修制度的完善。高校体育场地及器材的检修制度的建立健全是学生参与体育的基本保证，在因物引发的安全风险事故，主要问题都会指向学校体育场地及器材的检修制度。该制度的落实和完善要有三方面的因素合成：①制度成文，包含体育场地器材使用管理办法、器材的定期检修办法、管理人员的管

理责任等。②人员的配备、场地器材的使用要符合管理办法，一定要在教师或相关管理人员到位的情况下方能使用或进入场地。③经费的落实，体育场地器材在使用过程中是会损耗的，在一定使用周期后，必须定时定量进行更换，因此学校要在体育场地器材的耗损上留有足够的经费予以保障。

### （三）教师层面：督促落实并提高应对风险能力

高校体育教师的安全意识对于体育教学风险的抑制作用是明显的，教师的安全意识要贯穿体育教学的每一个细节和每一个环节中。体育教学的开始必定要从安全教育开始，参与任何体育项目都必须做好准备，要在身体上做好准备、思想上做好准备、细节上做好准备。应对各种可能预见的安全问题，体育教师都要提前做好思想上的准备及行动上的预备。

大学生身体素质有逐年下降的趋势，这是广大一线体育教师的普遍认识。影响大学生体质下降的因素众多，其中比较重要的一条是教育界对体育的忽视。为让学生有更多时间投入学习，减少体育课课时的学校不在少数，同时中学体育课"放羊式"的体育课也不在少数。要处理突发的安全事故中，能合理、科学地救助伤病学生，体育教师应该具备一定的急救措施。而科学、合理的急救措施需要学习和定时的演练。因此，学校有责任和义务对体育教师进行相应的培训，以应对各种突发的伤病急救。

### （四）社会层面：不断落实高校医疗服务水准

风险事故的发生具备突然性及不确定性，在事故的发生确实要第一时间拨打 120 寻求救助。但很多事故如果能在第一时间得到有效合理的处理，对于事故所造成的损害会得到最大限度的降低。如运动性猝死前患者是有一定预兆的，22％的患者会感到心绞痛，15％的患者会呼吸困难，部分会伴有出汗，出现 3～5 分钟的胸闷。最常见的预兆就是恶心、呕吐、头晕等。这些异常发生后的 6 分钟是抢救黄金时间。而且很多心肺功能的突发事故，其黄金急救时间也在 10 分钟左右。而对以往的事故案例中，从事故的发生到 120 急救车的到达所用的时间基本都超过了黄金急救时间。所以如果高校的医疗服务水准能保持在一定的高度，安全事故得到第一时间的处理救助，几乎等同于将安全事故在萌芽状态就已经解决。因此，高校对于风险事故第一时间的医疗救助服务水准是非常重要的。

### （五）综合层面：进一步完善学生体育意外风险的保障机制

1. 建立健全学生健康档案。学生健康档案的建立有利于直观地了解学生的健康现状。通过学生健康档案的建立可以明确地了解其是否有先天性的心血管疾病，从而有针对性地免除高强度的体育项目。如能建立学生健康体质档案，全面宏观地把握和控制。避免有心血管疾病相关病症的学生参与剧烈运动，势必能将体育教学安全事故大大降低。因此，学生健康档案的建立是对学生参与体育项目及强度的一个必要依据。

2. 加快学生人身保险制度的改革。目前我国在校大学生的保险主要是人身保险，其包含意外伤害，但并没有强制施行每人必保，还是属于自发性质。然而值得我们借鉴的是法国对于应对体育安全事故所设置的险种。对于参与体育锻炼及体育竞赛的人是一种有力的保险保障。

## 二、高校体育教学风险的防控措施

### （一）改善教学条件，为降低教学风险提供保障

基础设施是高校体育教学较为常见的致险因素。因此，在指定高校体育教学风险防范措施的过程中，加强对教学条件的改善具有必要性。这就要求高校应加强对体育教学基础设施的维护与修缮力度，制定常态化的保障措施，从人力、物力以及资金方面给予充足的保障。同时，要制定与完善体育教学基础设施管理的规章制度，提高管理人员的风险防范意识，要督促与规范管理人员的日常工作行为，要做到及时检查、及时修缮，力争将体育教学的风险屏蔽在萌芽状态，进而为降低教学风险提供坚实的保障。

场地、器材作为体育活动中形成风险最主要的外部因素，是能够及时发现并及时预防的。学校应该定期对所有已经或者将要投入使用的场地、器材进行定期严格的安全检验。在检修过程中做到认真负责，以保障师生安全为主要目的，遇到设备故障或者安全隐患，应全力维修，尽量排除所有已认知的教学风险，以保证体育教学活动的正常开展。为了保证这一安全工作的贯彻落实，学校应该做到两点：一是成立专门的机构，专门对校园的体育活动场所、设备、器材进行管理、检测；二是设立一项为体育教学安全而服务的资金，为排除体育活动中场地、器材的安全隐患提供稳定的后勤保障。只有在做到这两点的情况下，才能够对这些比较容易发现并预防的教学风险进行排除，进而保证高校体育教学的正常开展。

在体育教学活动中，除场地、设备等客观的细化环境以外，人为的不确定因素和自然环境因素也在不同程度上影响着教学活动的安全。随着国家对校园建设力度的加强，国内不少高校都积极迎接校风校貌的改造，这就使得校园内有一定的施工场地和施工设备。在开展体育教学工作之时，必须将这种可能带来的风险因素考虑在内。体育教师在选择活动场地时应该远离施工场所，并且在校园范围内学校应该有效控制施工范围，防止其扩大化，以免直接或间接影响到体育教学的安全进行。自然因素也会直接影响到体育教学的安全，不良的气候也是致使体育教学事故发生的重要原因。遇到特殊的气候因素，体育教师也应该因地制宜，适当调整体育教学的时间分布、教学内容和训练量等，不然只会增大体育教学中安全问题的出现概率。

### （二）培养广大学生的风险防范意识，提高风险防范效率

由于高校学生是体育教学风险的"受害群体"，因此，培养学生对于体育教学风险的自我防范意识，具有必要性。这就要求体育教师在教学过程中，首先，要树立常态化的风

险警示意识，针对学生在教学过程中所表现出的重视程度不高、技术动作不合理等现实问题，给予及时的、有针对性的、有实效性的提醒。其次，教师在课前应对教学场地、教学器材进行必要的检查，用以达成"防微杜渐"的目的，进而有效提高对体育教学风险的防范效果。最后，要充分利用校园媒体的作用，加强对体育教学风险危害性的宣传，形成课内外全面而持续的警示，这对于提高学生对于体育教学风险的关注度、促进其自主防范能力的提升，具有重要的现实意义。

高校的体育教师和学生，有相当一部分群体的安全意识较低，只有有效开展安全意识教育才是避免体育教学风险的根本方法。对体育教师的安全意识教育中，应该侧重于增强教师的安全责任意识，提高教师的责任感，只有这样，才能够使体育教师在组织体育教学中进行科学、细致、周密的安排，拟订合理的安全预案，为学生的体育活动提供最为基础、可行的保障。同时，要明确教师在体育活动中的职责与法律责任，教师对于学生的安全责任属于职务责任，具体而言就是学校及教师对在体育活动中受到伤害的学生应承担法律责任。只有明确这种法律责任，才能够进一步促进体育教师对体育教学风险的重视和规避。

对在校学生也应当进行安全教育，在教育中，使学生能够有效地识别在体育教学中的风险，对于易识别的风险进行事先演练，对于较难识别的教学风险进行准确衡量，分析风险的因素与处理办法。对学生的安全意识教育方式是多样的，在教育过程中一定要采取多方位、一体化的方式，多角度地对在校大学生进行宣传、教育。通过有效的宣传、教育，才能够尽可能使学生在体育活动中更加清楚、明确地认识到风险的存在，从而能够有效地防范与规避风险。

安全教育工作是第一次引导课的一项重要内容，是向学生传授安全的重要性、保健知识的关键；是提高学生预防风险的意识，增强预防风险的自觉性，以及自我保护意识的基础课；是强调学生参加体育活动时应依据量力而行的法则。同时，学校应重视体育教学风险问题，加强严密有效的组织管理，做好安全防范工作；教师要尽职尽责、合理组织、精心安排、耐心教导，教育学生时刻注意安全，规避体育活动风险的发生。

### （三）掌握学生的基本情况，加强示范讲解与辅助练习

体育教师要经常与班主任、校医取得联系，了解每个学生的性格与身体情况，有针对性地进行教学。对容易产生畏惧心理、动作犹豫不果断的学生应当多鼓励，假借帮助和保护来消除他们的胆怯心理；对喜欢逞强的学生，要适当进行诱导；对心脏有问题的学生，教学内容安排不能过于激烈；对经期的女生，不能安排腹部练习内容，应当安排适当的运动量。因此，掌握好学生的基本情况可以规避体育教学风险。

体育教师在把握动作的重点、难点时，应保证示范动作的规范。学生练习前，一定要讲清楚动作要领、易出现的错误和注意事项，从而减少学生因不能正确掌握动作而造成的

风险。初次练习难度较大的内容，应适当降低难度，多做辅助练习，帮助学生熟悉动作，引导学生轻松学习，从而避免学生勉强学习不熟练的动作时受伤的可能性。对不同身体素质的学生，要因材施教，做不同的要求，从而规避体育教学风险。

**（四）科学组织体育教学，提升学生素质，科学合理组织教法**

大学生的身体素质与心理素质水平较低是高校体育教学活动风险增大的重要因素之一。科学化的体育教学，能够有效提升学生的身体素质与心理素质。具体的体育教学安排应该趋向规范化、科学化。合理安排教学、训练的内容，在实际的教学过程中应该结合大学生的身心特点，做好充分的准备活动，制定合理的训练内容与活动时间，增强团队意识，加强技术要求，全面提高学生体育方面的身心素质。同时也应该倡导在体育课后师生、学生间相互交流技能经验，缓解压力，从而促使大学生用最为强壮的体格和坚强的意志应对体育教学中的风险。

体育教师要认真钻研教材、教法，充分考虑场地、器材、学生主体等因素，实施合理的教法。相同的教学内容，不同年级、班别，不同身体素质的学生，教法也有差异。相同的练习强度，给不同的学生带来的风险与风险利益概率显然不同。如果运动负荷安排不当，对身体素质较差的学生因心脏负荷过大、肌肉疲劳等因素，可能产生不良后果。因此，体育教师应科学、合理地组织教法，统筹安排，能有效规避体育教学风险。

**（五）建立健全风险防范机制，用以指导与规范防范工作的常态化开展**

建立高校体育教学风险防范机制，是降低风险、提高防范效率最为有效的措施。这就要求，在客观因素方面，针对恶劣气候要采取回避的措施，有条件的学校可以在运动馆内开展教学活动，没有条件的高校应采用停课的措施。而针对基础设施的致险因素，要建立健全场地设施维护制度，要将责任落实到人，加强对责任人工作的监督与管理。在主观因素方面，一方面要充分发挥校园媒体的作用，加大对体育教学风险防范的宣传力度；另一方面，要制订教学风险应对方案，例如，在教学场馆配置医用急救包，对出现的运动损伤进行及时的处理。再如，应与周边医院建立合作关系，确保在意外风险出现时能够给予及时的医疗帮助。同时，还应组建教学巡视小组，对高校体育教学活动进行常态化的巡视，对教学中潜在的风险因素进行及时的回避与有效的解决。

高校体育教学肩负着培养学生体育运动技能，提高学生身心健康素质，促进学生终身体育思想自主生成的重要责任。然而，由于课程属性的原因导致高校体育教学存在着一定的风险性，会对学生的身心健康，甚至生命产生严重的威胁。因此，通过对高校体育教学风险致险因素实质的解析，并以此为依据制定科学有效的防范措施，不仅有助于提高高校体育教学的安全性，同时，对于提高体育教学的整体效果，确保高校体育教学目标的顺利实现，也具有极其重要的实用价值。

制度管理的缺陷一直是高校体育教学风险的重要因素，建立健全高校安全工作机制是一种有效可行的方法。在全国高校可以通过安全制度来规定体育教学的工作准则，对体育教师、学生的行为进行相关引导与规范，这样能够在秩序上降低体育教学中的风险。另外，拟订不同情况下的安全事故预案也是不可或缺的。科学、合理的安全预案能够使学校在面临突发事件时有所参照，并且能够规范处理事故的方式、方法与步骤，有效对事故进行处理，使在体育教学中所产生的损失降到最低限度。

高校体育保险作为体育保险的组成部分，近年来一直是一个漏洞。从学生来讲，大学生作为一个特殊的群体，在法律上具有民事法律的行为能力，但在经济上却没有与其相持平的经济能力。因此，在校大学生很难通过购买保险降低在体育教学活动中的风险，一旦发生安全事故，对于一般的大学生而言就是一种负担。所以，完善保险制度成为处理高校体育教学风险的一种方法。完善的保险制度能够覆盖学校、教师、学生甚至场地、器材等多层次的保险对象，这对于处理高校体育教学的风险无疑是一种行之有效的方法。目前，在完善保险制度方面所应该做的就是丰富保险的种类，降低保险的价格，优化理赔的程序等，使保险适合更多的学生群体。惠及更多的学生同时也会得到学生的支持，可以进一步完善高校体育教学的风险管理工作。

高校在体育教学的安全方面存在着诸多问题，存在的问题具有多层次性、复杂性、综合性、交错性等特点，为高校体育教学中的风险管理增添了难度。针对体育教学风险的不同因素，我们可以采取不同的措施进行有效的管理、预防，一系列的风险管理为以后的高校教育事业发展积累了相应的管理工作的经验。高校体育教育中的风险问题具有普遍性、长久性，只有不断地提高完善风险管理机制，才能够使我国高校的体育事业日益提升。

在全面贯彻落实素质教育的背景下，为了能够全面提高学生的身体素质、心理素质，在体育教学中以健康第一作为指导思想，结合产生高校体育教学风险多样化的因素，有效开展风险管理工作，才是普通高校体育教学风险管理工作的重中之重。在学校的风险管理中，必须采取行之有效的强有力的措施，并采用多渠道、多方面的安全教育方式与手段，只有这样，才能够降低高校体育教学中的风险。

# 参 考 文 献

［1］范想．江苏省高校体育专业篮球课堂教学质量评价体系研究［D］．南京：南京体育学院，2020．

［2］范力舟．试论高校教育教学管理机制改革创新和运行的文化管理［J］．文化产业，2021，（21）：76-77．

［3］葛忠鹏．高校体育工作实效性评价指标体系构建及实践研究［D］．大连：辽宁师范大学，2021．

［4］高瑜．高校体育教学内容与方法的创新策略分析［J］．当代体育科技，2020，10（05）：137-139．

［5］侯露露．动态分层合作教学模式在高校健美操选修课教学中的应用［D］．成都：成都体育学院，2021．

［6］韩景岩，邹亚春，许广聚．高校体育教学中开展美育的价值与实践路径研究［J］．青少年体育，2020（04）：33-34．

［7］郝震，王晓艳．高校体育教学评价工作的实践与优化［J］．体育视野，2020（06）：71-72．

［8］李雪宁，刘阳．生活化视角下高校体育教学发展研究［J］．体育文化导刊，2020（07）：99-104．

［9］李凯媛，宋景旗．浅析快乐体育教学思想在体育教学中的作用［J］．冰雪体育创新研究，2020（08）：49－50．

［10］陆菁菁．基于创新能力培养的高校教育教学管理［J］．科教导刊，2021（05）：24-25．

［11］刘彬．高校体育教学过程中风险评估的实践研究［J］．黑龙江教育（理论与实践），2015，（Z1）：95-96．

［12］孙眉青．大数据背景下高校教育教学督导工作探究［J］．山西青年，2022（08）：162-164．

［13］孙庆．高校体育教学风险管理研究［J］．现代职业教育，2017（28）：132-133．

［14］唐颖，葛冉．高校教育教学管理自主创新发展模式研究［J］．教师，2020（35）：18-19．

［15］王艳．高校教育教学管理工作研究［J］．食品研究与开发，2021，42（09）：232.

［16］王宇佳．基于"个性化"视角下上海市大学公共体育课程改革研究［D］．上海：上海师范大学，2019.

［17］王寅昊．互联网时代高校体育教学模式浅析［J］．课程教育研究，2020（08）：221-222.

［18］王高宣，陈万军．普通高校大学体育教学内容创新路径研究［J］．当代体育科技，2020，10（01）：126-127.

［19］王维东．我国高校体育教学风险的致险因素与防范措施研究［J］．当代体育科技，2019，9（27）：64-66.

［20］汪晨．疫情背景下在线教学与高校教育教学融合路径探究［J］．中国教育技术装备，2021（20）：9-11.

［21］韦金亮，蓝恒．高校体育教学风险应对探析［J］．广西教育，2015（15）：162-163.

［22］杨懿，汪洋，周颖．中国高校教育教学改革现状、问题与对策研究——基于二十一世纪以来国家级教学成果奖分析［J］．东南大学学报（哲学社会科学版），2021，23（S2）：127-131.

［23］袁晓峰．重庆市普通高校公共体育课程教学质量评价与对策研究［D］．重庆：西南大学，2020.

［24］岳鹏辉．高校体育风险事故管理对策研究［J］．才智，2021（15）：65-67.

［25］钟晓露．体育教师教育者的胜任力研究［D］．南昌：江西师范大学，2021.

［26］朱婷．体育教学模式创新成果及其转化机制探究［D］．武汉：武汉体育学院，2020.

［27］张胜利．高校体育教学评价的现状及改进方法分析［J］．体育视野，2020（02）：83-84.

［28］张雪霞．高校公共体育课学生评教量表指标的研究［J］．萍乡学院学报，2020，37（01）：103-106.

［29］张一波，于桂云，郭晓敏．聚焦解决模式在高校教育教学中的应用进展［J］．现代职业教育，2021（23）：132-133.

［30］邹小江，林向阳．我国高校体育教学改革的缘起、论域、困惑及建议［J］．山东体育学院学报，2020，36（02）：112-118.

［31］郑程挺．"互联网＋"背景下高校教育教学方式改革思考［J］．吉林省教育学院学报，2021，37（11）：116-119.

［32］赵德宝．高校体育教学风险评估［J］．当代体育科技，2015，5（04）：115-117.